Descubra: Los 13 Pasos Para Transformar Su Pasión En Un Negocio Rentable, Previsible y Seguro Online y Conquiste Su Independencia Financiera Definitivamente.

"Piense Y Hágase Rico Creando Un Negocio Digital Desde Absoluto Cero"

Gane Una Ventaja Injustamente Ética Contra Su Competencia Aplicando La psicología del éxito de Napoleón Hill.

Aprenda cómo finalmente hacer su mente trabajar a su favor para lograr la seguridad, comodidad, libertad y economía necesarias en su vida.

"Piense Y Hágase Rico Creando Un Negocio Digital Desde Cero"

ÍNDICE

El Trabajo Corporativo Destruyó mi Matrimonio Y Me Dejó Quebrado
Cómo Conseguí Encontrar Mi Felicidad y Mi Libertad Financiera Creando Un Negocio Online Desde Cero

Introducción
El Conocimiento que Todas las Personas en Busca del Éxito, Independencia Financiera Y Felicidad A Través de Un Negocio Online Necesitan

Tributos a Napoleón Hill
Y al Poder de Los Principios Abordados en Su Libro.

Capítulo 1
El Hombre que Pensó Su Camino Hacia Thomas Edison

Capítulo 2: Deseo

"Piense Y Hágase Rico Creando Un Negocio Digital Desde Cero"

El Punto de Partida de Todas las Victorias.

Capítulo 3: La Fe
Visualización y Creencias en Aras de Lograr Un Objetivo
Capítulo 4: Autosugestión
El Medio Para Influenciar la Mente Subconsciente

Capítulo 5: Conocimiento Especializado
El Quinto Paso Hacia la Riqueza

Capítulo 6: Imaginación
El Taller de la Mente.

Capítulo 7: Organización Planificada
La Cristalización del Deseo en Acción

Capítulo 8: Decisión
La Maestría de La Procrastinación

Capítulo 9: La Persistencia

"Piense Y Hágase Rico Creando Un Negocio Digital Desde Cero"

El Esfuerzo Sostenido Necesario para Inducir la Fe

Capítulo 10: El Poder de La Mente Maestra
La Fuerza que Nos Mueve
Capítulo 11: El Misterio de La Transmutación Sexual
El Onceno Paso Hacia la Riqueza
Capítulo 12: La Mente Subconsciente
El Enlace de Conexión
Capítulo 13: El Cerebro
La Estación Emisora y Receptora de Pensamiento
Capítulo 14: El Sexto Sentido
La Puerta del Templo de La Sabiduría
Capítulo 15: Cómo Superar Los Seis Fantasmas Del Miedo
Analícese a sí Mismo En Cuanto Lea Este Capítulo Final y Descubra Cuántos "Fantasmas" Están en su Camino
Capítulo 16: El Taller Del Diablo
El Séptimo Mal

Últimas Palabras Importantes...

"Piense Y Hágase Rico Creando Un Negocio Digital Desde Cero"

Capítulo Secreto 1 Y Clandestino Revela:

La Forma Más Simple, Rápida y Rentable de... "Convertir Talento En Dinero En El Banco"

Capítulo Secreto 2 Bono especial y Clandestino Revela:

"El Secreto Para Una Autosugestión Acelerada"

"El Trabajo Corporativo Destruyó Mi Matrimonio Y Me Dejó Quebrado"
Cómo Conseguí Encontrar Mi Felicidad y Mi Libertad Financiera Creando Un Negocio Online Desde Cero.

"Piense Y Hágase Rico Creando Un Negocio Digital Desde Cero"

Hola, mi nombre es Alfonso...

Y desde siempre soñé en trabajar por mi cuenta sin un jefe, o mejor dicho ser mi propio jefe, eso implicaría ser el dueño real de mi tiempo, disfrutar de mi familia y mis amistades y algo que me encanta, viajar!

Sin embargo mi realidad hace algunos años atrás era totalmente diferente...

"Piense Y Hágase Rico Creando Un Negocio Digital Desde Cero"

Mi esposa estaba embarazada, tenía un trabajo corporativo esclavizante, salía tarde de la oficina no compartía con mi familia y no disfrutaba del bebé ni de mi esposa como deseaba.

Muchísimo menos pensar en viajar y el salario sólo conseguía pagar las cuentas nada más.

Mi esposa se quejaba porque casi no nos veíamos y además ella se sentía extremadamente cansada al tener que ocuparse de nuestro hijo cuando ya estaba embarazada de nuevo y esta vez de gemelos.

Pasaron los años, me divorcié y me volví a casar, pase por algunos empleos de los que aprendí muchísimo, más lo que realmente aprendí fue que ningún trabajo puede ser más importante que tu

"Piense Y Hágase Rico Creando Un Negocio Digital Desde Cero"

propia vida y la de tus seres queridos y que el tiempo pasa y no regresa jamás.

En esa época tomé la decisión de emprender y hace Tres años marché hacia los Estados Unidos donde seguí los pasos para construir mi primer negocio online.

Durante años luché por aprender Diseño Web, Seo, Facebook Ads, Google AdWords, Email Marketing y cuanta estrategia de marketing digital encontrase que pudiera ayudarme a conseguir mi independencia financiera.

Es por eso por lo que no necesito conocerte para saber que si estás leyendo estas líneas es porque necesitas cambiar tu vida y has descubierto que un negocio digital es el camino más rápido efectivo previsible y seguro para lograrlo.

"Piense Y Hágase Rico Creando Un Negocio Digital Desde Cero"

No obstante, esto es una verdad a medias, pues el mundo digital esconde un problema gigantesco que la mayoría de las personas ignoran.

Ese problema es que:

El 99% De Los Negocios Digitales
Son Meros "Castillos En El Aire"

La realidad del emprendimiento digital.

Sucede que millares de emprendedores entran en el mundo digital cada año por sus facilidades

"Piense Y Hágase Rico Creando Un Negocio Digital Desde Cero"

inmensas, sus bajos costos y sus altos retornos sobre inversión sin embargo la gran mayoría fracasa deliberadamente.

Eso se debe a que intentar crear un negocio cualquiera sin tener valores y principios sólidos es el equivalente a construir un "castillo en el aire" o sea sin sustento, sin tierra firme sin esperanzas de futuro duradero.

La única forma de realmente vencer las dificultades que de seguro te esperan

Existe un único camino que tú puedes comenzar a caminar hoy y que te llevará directamente hasta un negocio digital seguro, previsible y rentable, no hacia un éxito momentáneo o hacia un pico de ventas pasajero que viene y se va dejándote sumido en la mayor frustración, ¡No!

"Piense Y Hágase Rico Creando Un Negocio Digital Desde Cero"

Este camino te conducirá hasta la libertad financiera definitiva sin embargo para eso necesitas entender que…

"Toda <u>La Riqueza Es Construida</u> a Partir De Un Estado Mental"

Además del dominio total y absoluto de tus creencias valores y principios.

¿Usted ya fracasó por causa de este error?

"Piense Y Hágase Rico Creando Un Negocio Digital Desde Cero"

El problema de los emprendedores es que creen que su tiempo debe ser usado 100% en aprender nuevas estrategias, técnicas y uso de herramientas.

Descuidando así el aspecto mental que la mayoría de las veces es el que hace la diferencia entre el éxito y el fracaso.

Por experiencia te puedo decir que leer el libro Piense Y Hágase Rico de Napoleón Hill fue un divisor de aguas en mi jornada como emprendedor y dueño de mi propio negocio, fue lo que me permitió superar todas las dificultades a lo largo del camino.

Leer sus páginas fue un bálsamo de sabiduría cuando las cosas se tornaban difíciles y estaba cerca de renunciar, fue lo que me permitió superar una separación difícil, un trabajo que no me satisfacía y una vida que se distanciaba cada día más de la vida

"Piense Y Hágase Rico Creando Un Negocio Digital Desde Cero"

de mis sueños y estoy seguro de que para ti también lo será.

No obstante, a pesar de eso ser cierto y el libro de Napoleón Hill ser muy poderoso, este fue escrito en el año 1937 por lo que se torna difícil de entender y aplicar para la gran mayoría de las personas.

Es por eso que cada vez que escucho a alguien decir:

-Ese libro no me sirve, son conceptos motivacionales vagos eso es solo bla-bla-bla...

Lo que yo interpreto es que esa persona no tiene la menor idea de cómo aplicar.

Y es exactamente eso lo que tienes ahora en tus manos. El paso a paso para aplicar los conocimientos del libro más poderoso y vendido del mundo a tu negocio online.

"Piense Y Hágase Rico Creando Un Negocio Digital Desde Cero"

¿Qué esperar de este libro?

En los próximos capítulos descubrirás cómo utilizar el poder de tus ideas para materializar tus metas, cómo potenciar el poder de tu deseo de forma que nunca se apague, descubrirás cómo usar efectivamente el poder de la fe, conocerás el secreto de la autosugestión entre otras muchas herramientas prácticas para cambiar tu mente, tu negocio y tu vida en estos tiempos de internet.

"Piense Y Hágase Rico Creando Un Negocio Digital Desde Cero"

Introducción

"El Conocimiento Que Todas Las Personas En Busca Del Éxito, Independencia Financiera y Felicidad A Través De Un Negocio Online, Necesitan"

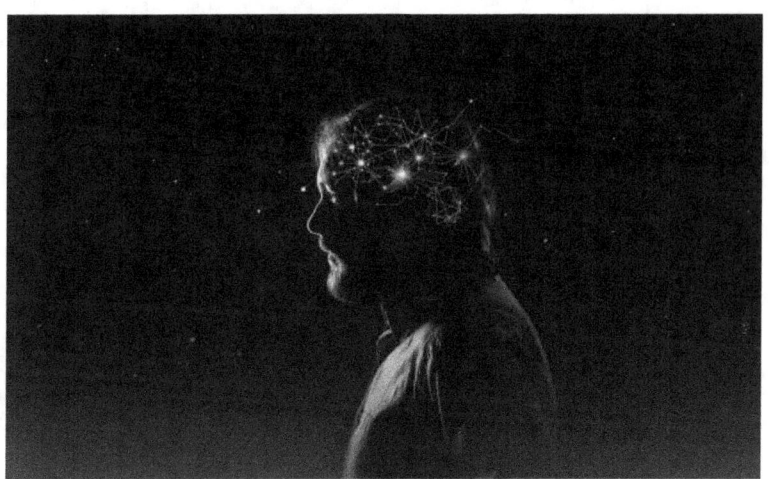

Estimado lector:

Los 13 principios hacia la riqueza descritos en este libro ofrecen el más corto indispensable y rápido camino hacia el entendimiento de la filosofía del éxito jamás presentada a ningún hombre o mujer

"Piense Y Hágase Rico Creando Un Negocio Digital Desde Cero"

en busca de alcanzar sus objetivos de vida a través de un negocio en internet.

Leer estas páginas estoy seguro te pondrá en una clara ventaja sobre el 50% de la población mundial que cada día esta allá afuera intentando encontrar el camino más corto hacia el éxito online.

Sin embargo, nada será suficiente si usted no se compromete a tomar acción sobre los principios en este libro revelados.

Es por eso por lo que leer en grupos, analizar estos principios con amigos y con familiares es super importante para conseguir entender y almacenar la mayor cantidad de conocimiento posible de este libro.

Si usted se compromete a seguir este plan le prometo que su vida dará un cambio positivo de 180 grados, así como las vidas de más de 100 de las

"Piense Y Hágase Rico Creando Un Negocio Digital Desde Cero"

más importantes personalidades del siglo XX que leyeron este libro.

Tributos A Napoleón Hill
Y al Poder de los Principios Abordados en su Libro

Napoleon Hill
Estimado Señor Hill:
Acabo de tener la oportunidad de terminar de leer sus textos sobre La Ley Del Éxito y me gustaría expresar mi apreciación sobre el maravilloso trabajo que usted ha realizado en la organización de esta filosofía.

"Piense Y Hágase Rico Creando Un Negocio Digital Desde Cero"

Seria de mucha ayuda si cada político de este país leyera y aplicará los 13 principios abordados en su libro.

El contiene el más fino material que todos los líderes sin importar en qué etapa de la vida estuvieran deberían saber.

Me siento feliz de tener el privilegio de le dar la gracias por este maravilloso curso de filosofía del sentido común.

William Taft
Expresidente de los Estados Unidos.

Aplicando muchos de los principios de la filosofía del éxito hemos sido capaces de abrir una cadena de tiendas de éxito.

Presumo no será exageración ninguna decir que Woolworth Building puede ser considerada un monumento de la aplicación de estos principios.

F.W. WOOLWORTH

"Piense Y Hágase Rico Creando Un Negocio Digital Desde Cero"

Me siento totalmente en deuda por haber leído los textos relacionados a la ley del éxito del señor Carnegie. Si hubiera tenido esta metodología 50 años antes estoy convencido habría alcanzado todas las cosas que he logrado en la mitad del tiempo. Realmente espero que el mundo reconozca el poder de este libro y te reconozca.

Robert Dollar
Famoso Líder Del Trabajo americano

Masterizar los principios de este libro es el equivalente a un seguro contra el fracaso.

Samuel Gompers
Expresidente De Los Estados Unidos

Un aspecto peculiar de este libro

Algo que siempre me llamó la atención sobre este libro es que aquellos que lo leen, entienden y usan se encuentran así mismos nadando en éxito en poco tiempo con poco o casi nada de esfuerzo y ellos casi nunca se rindieron ante el fracaso nunca más en sus vidas o sea no solo encontraron el éxito, sino que supieron mantenerlo a lo largo de sus vidas para siempre.

Palabras Importantes antes de comenzar

Como una palabra final de preparación me gustaría agregar que:

"Todas las victorias y logros de los ricos empezaron en una idea"

Si usted está listo para el secreto es porque ya posee la mitad de este, sin embargo, la otra mitad usted será capaz de reconocerla sólo cuando ella llegue a tu mente.

Capítulo 1

El Hombre Que "Pensó" Su Camino Hacia Thomas Edison.

"Piense Y Hágase Rico Creando Un Negocio Digital Desde Cero"

El primer paso hacia la riqueza

Edwin Barnes Y Edison

¡Los Pensamientos son cosas!

Realmente "Los Pensamientos Son Cosas" y cosas muy poderosas que cuando se combinan con un propósito definido persistencia y deseo ardiente se convierten en riquezas o cualquier otro bien material.

"Piense Y Hágase Rico Creando Un Negocio Digital Desde Cero"

Hace un poco más de 30 años en algún lugar de los Estados Unidos Edwin C. Barnes se encontraba sumergido en un deseo ardiente de transformarse en socio de Thomas Edison.

El problema era que él no conocía a Thomas Edison ni tenía dinero para pagar su viaje hasta New Jersey.

Esta situación descorazonaría al 90% de las personas mas no a Mr. Barnes quien encontró su camino hasta Edison viajando como polizonte en un tren de carga.

Barnes no consiguió ser socio de Edison en su primera entrevista sin embargo trabajó junto a él como ayudante haciendo trabajos sin importancia lo que le dio la oportunidad de transformarse en su socio años más tarde.

"Piense Y Hágase Rico Creando Un Negocio Digital Desde Cero"

Barnes literalmente transformó su deseo de convertirse en socio de Edison en realidad. No tenía nada para comenzar excepto su capacidad, iniciativa fe y deseo de vencer.

Barnes nunca se encontró preguntándose:

¿Porque estoy haciendo esto?

¿Porque no tengo los resultados que merezco?

¿Porque todo tienen éxito y yo no?

¿Cuándo será mi momento?

¡No! Él trabajó día y noche con fe y convicción ciega en el éxito. La mayoría de las personas que comienzan un negocio online son inmediatistas quieren el éxito mañana trabajan mirando el reloj.

"Piense Y Hágase Rico Creando Un Negocio Digital Desde Cero"

¡No hagas eso! Se consciente en que el resultado llegará si no desistes al igual que a Edwin C.Barnes.

"Gary Vaynerchuk Y El Poder Del Pensamiento"

El Inmigrante Bielorruso Que Compró Los New York Jets

Gary Vaynerchuk

Era temporada de Fútbol hace algunos unos años en la ciudad de Nueva York...

"Piense Y Hágase Rico Creando Un Negocio Digital Desde Cero"

El joven bielorruso Gary se encontraba perdido en frente del estadio de los Jets cuando un extraño se acercó a hablarle...

Era un fan de los Jets que al ver al niño perdido quiso sacarle conversación preguntándole qué equipo él prefería. Gary, sin saber hablar inglés todavía balbuceó a lo que el extraño respondió:

-Tú eres fan de los Jets!

El joven bielorruso se sintió feliz de sentirse miembro de los fans de los jets fue la primera cosa americana que le pertenecía en aquella época su familia era extremadamente pobre e incapaz de pagar ni siquiera una camiseta de los Jets para Gary.

Fue cuando su mamá tejió para él una camiseta de los Jets en ese momento Gary juró que algún día sería rico y compraría los New York Jets.

"Piense Y Hágase Rico Creando Un Negocio Digital Desde Cero"

Realmente, el final de la historia todavía no ha sido escrito, lo que significa que Gary todavía no es dueño de los New York Jets. Sin embargo, Gary se ha convertido en una de las historias de éxito online más conocidas y una de las figuras más polémicas de nuestros tiempos por su visión en cuanto al Marketing Digital.

El imperio V Gary es el actual presidente de Vayner X, una moderna compañía de medios y comunicaciones y el CEO activo de Vayner Media, una agencia de publicidad de servicio completo que atiende a los clientes de Fortune 100 en las 4 ubicaciones de la compañía.

Además de Vayner Media, Vayner X también incluye Gallery Media Group, que alberga la marca de estilo de vida para mujeres PureWow y la marca de estilo de vida para hombres ONE37pm.

"Piense Y Hágase Rico Creando Un Negocio Digital Desde Cero"

Además de dirigir Vayner Media, Gary también se desempeña como socio en la agencia de representación de atletas Vayner Sports, la agencia de marketing y marca enfocada en el cannabis Green Street y la aplicación de reservas de restaurantes Resy.

Gary es miembro de la junta / asesor de Ad Council y Pencils of Promise, y es miembro de Charity: Water desde hace mucho tiempo.

Gary es un orador público muy buscado, un 5 veces autor superventas del New York Times, así como un prolífico inversionista ángel con inversiones tempranas en compañías como Facebook, Twitter, Tumblr, Venmo y Uber.

Gary es actualmente el tema de DailyVee, una serie documental en línea que destaca cómo es ser un CEO y una figura pública en el mundo digital de hoy, así como el presentador de The GaryVee Audio Experience, un podcast global de los 100

"Piense Y Hágase Rico Creando Un Negocio Digital Desde Cero"

mejores y presentador de #AskGaryVee, un programa de preguntas y respuestas sobre negocios y consejos que se puede encontrar tanto en YouTube como en Facebook.

Gary también apareció como juez en la primera serie original de Apple "Planet of the Apps" junto a Gwyneth Paltrow, Jessica Alba y Will.i.am.

Lo que casi nadie sabe sobre Gary V...

Gary y su familia emigraron a los EE. UU. Desde Bielorrusia en 1978. Vivió con 8 miembros de la familia en un estudio en Queens, Nueva York, antes de trasladarse a Edison, Nueva Jersey. Gary a menudo se llama a sí mismo un "emprendedor de raza pura", después de haber comenzado con éxito una franquicia de limonada a los 7 años, y eventualmente vendió decenas de miles de dólares en tarjetas de béisbol y juguetes durante toda su carrera en la escuela secundaria.

"Piense Y Hágase Rico Creando Un Negocio Digital Desde Cero"

A los 14 años se unió a su negocio familiar de embolsado de hielo por $ 2 / hora.

Cuando Gary identificó "Internet" como una oportunidad de acaparamiento de tierras a fines de los años 90, hizo la transición de la licorería local de su padre (entonces llamada "Shoppers Discount Liquors") en una de las primeras plataformas de comercio electrónico para el alcohol en el país que resultó en un brutal crecimiento de la marca.

El éxito de Gary V es sin dudas alentador para la mayoría de las personas que pretenden crear un negocio rentable a través de internet.

Todos los secretos de cómo una persona inmigrante en un país desconocido consigue convertirse en uno de los personajes más influyentes del mundo digital están revelados en este libro.

"Piense Y Hágase Rico Creando Un Negocio Digital Desde Cero"

Últimas Palabras Sobre el Poder Del Pensamiento

Por supuesto, ganar el control sobre sus pensamientos es más fácil decirlo que hacerlo.

Algunos pasan toda su vida sin considerar el hecho de que pueden construir sus propios pensamientos positivos, o nunca logran romper los pensamientos negativos que los frenan.

No hay atajo para dominar sus pensamientos, ya que siempre requerirá disciplina y trabajo duro, pero hay un principio que puede guiarlo hacia una mayor tasa de éxito: la idea de que los pensamientos se basan en la consistencia y repetición.

Es importante que todos los emprendedores sean lo más consistentes posible porque la consistencia es importante para su éxito, para lograr un progreso real y para mejorar su trabajo a nivel cotidiano.

Que significa Ser Consistente.

Ser consistente significa que repetirás lo que estás haciendo y con cada repetición estarás mejor y mejor. La perfección del otro lado pospondrá su capacidad de mejorarse a sí mismo y a su empresa en general.

Una buena idea, es que actúes con una persistencia obsesiva y una fe inquebrantable, es todo lo que necesitas para lograr el éxito.

Todo pensamiento produce una vibración. Además, este impulso intangible se puede transmutar en recompensa material.

Lo más notable es que toda compensación material es insignificante en comparación con la posesión inquebrantable de este conocimiento. Es la piedra angular de la filosofía de éxito: Piense y hágase rico.

Capítulo 2
Deseo

El Punto De Partida De Todas Las Victorias El Primer Paso Hacia la Riqueza
El segundo paso hacia la riqueza

"Piense Y Hágase Rico Creando Un Negocio Digital Desde Cero"

Edwin C. Barnes

Cuando Edwin C.Barnes llegó a New Jersey su aspecto era el de un vagabundo más sus pensamientos eran los de un rey.

"Piense Y Hágase Rico Creando Un Negocio Digital Desde Cero"

Mientras se dirigía hacia la oficina de Edison se imaginaba asimismo parado haciéndole la propuesta de ser socios.

El propósito de Barnes no era una esperanza, no era un anhelo, era un inquebrantable deseo, que trascendió hacia todo lo demás.

La psicología de su éxito fue su inmenso deseo, él se implantó una meta definida y dedicó todo su poder y esfuerzo para conseguir su objetivo.

No se convirtió en socio de Edison el día en que llegó, como la mayoría de las personas gustaría que fuese, tomó más de 15 años de su vida conseguir su objetivo.

El secreto que transforma adversidad en éxito

Toda persona que desee vencer una situación adversa necesita entender que la retirada no es

opción, que la derrota no es permitida que necesita avivar su deseo
de conseguirlo hasta las últimas consecuencias, sólo así tendrá los resultados que tanto anhela.

El gran problema que la mayoría de los emprendedores digitales enfrentan es que ellos ven el éxito de otra persona y quieren inmediatamente ese mismo éxito replicado en sus vidas.

Youtube está lleno de gurús prometiendo soluciones mágicas y herramientas ninja para lograr el éxito sin esfuerzo y sin sacrificio. Usted necesita entender que tanto en el mundo online como offline eso es una quimera inalcanzable.

Beneficios Invisibles del Deseo Ardiente

Un propósito o deseo ardiente además le da dirección a la vida. Sin ella, terminas viviendo según los estándares de otra persona, o simplemente sigues

"Piense Y Hágase Rico Creando Un Negocio Digital Desde Cero"

a la multitud y nunca estás a la altura de tu potencial.

Vivir con un propósito, la mayoría de la gente estaría de acuerdo, es mejor que vivir sin un propósito.

El propósito no solo le brinda satisfacción, orientación durante los momentos difíciles y motivación para ganar, sino que también puede brindarle una sensación de vitalidad poderosa y rara. El propósito te hace cobrar vida.

Tener un sentido de Propósito, significado, valor y contribución a la humanidad te da esa chispa, vitalidad, emoción y pasión por la vida que hace que las personas exitosas sean tan atractivas para el mundo. Hacer un trabajo significativo puede hacerte amar cada segundo de tu día.

El beneficio de tener un propósito definido es el desarrollo automático de una serie de rasgos que son de vital importancia para desarrollar la aptitud mental para el éxito. Incluyen:

- *autosuficiencia*

"Piense Y Hágase Rico Creando Un Negocio Digital Desde Cero"

- *imaginación*
- *entusiasmo*
- *autodisciplina*
- *concentración de esfuerzo*

Ejercicio

- *Crea una imagen visual de cómo será tu vida cuando poseas lo que deseas.*
- *Diseñe y haga un "tablero de visión" con imágenes de las cosas que tendrá cuando viva la vida de sus sueños.*
- *Coloque su tablero de visión donde lo vea con frecuencia ejemplo el baño, el retrovisor del carro o el fondo de pantalla de su teléfono móvil.*

Esta estrategia, aunque simple hará que el contacto subconsciente que usted tiene con su objetivo o deseo se expanda potencialmente.

Aclaración Importante: Para lograr que ella funcione usted necesita visualizar ese objetivo en el presente y crear emociones positivas tan fuertes que sean capaces de alejarte del fracaso, la desilusión y el desánimo cuando estés toquen a tus puertas.

Capítulo 3

La Fe

Visualización y Creencias En Aras De Lograr Un Objetivo

El tercer paso hacia la riqueza

"Piense Y Hágase Rico Creando Un Negocio Digital Desde Cero"

La alquimia de la mente

La fe es el químico definitivo de la mente cuando es combinada con vibración de pensamiento. La mente subconsciente instantáneamente siente esas vibraciones y las traduce hacia su equivalente espiritual y este lo transmite hacia la divina inteligencia como una plegaria.

Considere el hecho de que todos los pensamientos que han sido racionalizados y mezclados con fe comienzan automáticamente a transformarse en su equivalente material y contraparte.

"Piense Y Hágase Rico Creando Un Negocio Digital Desde Cero"

Sucede que, a lo largo de la historia de la humanidad los religiosos han hablado una y otra vez sobre la fe. Se escucha hablar siempre sobre creer en esto o en esto otro más ellos han fallado en enseñar a las personas cómo tener fe.

Nadie enseña que: *"La fe es un estado de la consciencia que puede ser inducido por la autosugestión y es esto lo que hace toda la diferencia"*

En las próximas líneas te relataré como una semilla, plan u objetivo puede ser plantando en la mente.

El método es simple. El único modo de lograr implantar una idea en la mente es mediante la repetición.

Repite tus deseos en voz alta día por día hasta que estas vibraciones se transformen en cosas materiales en tu vida. Decide ignorar las influencias negativas de tu ambiente y construir tu propio destino.

Cómo Descubrir Y Vencer Tus Debilidades

"Piense Y Hágase Rico Creando Un Negocio Digital Desde Cero"

Haciendo inventario de tus fortalezas y debilidades descubrirás que tu mayor debilidad es falta de confianza. Esta debilidad puede ser vencida fácilmente a través del poder de la autosugestión.

En este momento quiero que usted estimado lector preste mucha atención pues lo que estoy a punto de compartir con usted es nada más y nada menos que la fórmula para no tener que preocuparse por su autoconfianza nunca más.

En las siguientes líneas te revelaré el secreto que el 99% de la población mundial ignora y que es la clave para mantener tu mente en un estado positivo y saludable los 365 días del año.

"Fórmula De La Autoconfianza"

Primero: Reconozco que tengo el poder de lograr mis objetivos en la vida por lo tanto me demando acción persistente hasta su consecución.

Segundo: Soy consciente de que mis pensamientos se transforman en cosas por lo tanto me comprometo a imaginarme como la persona que

"Piense Y Hágase Rico Creando Un Negocio Digital Desde Cero"

quiero ser creando una clara imagen de esa persona en mi mente.

Tercero: Dedicaré 10 min de mi día a demandarme Autoconfianza.

Cuarto: Escribiré claramente mi objetivo de vida y no desistiré hasta alcanzarlo.

Quinto: Provocaré el amor de otros en mí amando a los otros y a mí mismo y eliminaré cualquier influencia negativa y vestigio de cinismo envidia y egoísmo de mi vida.

Últimas Palabras sobre el poder inmensurable de la fe

En términos básicos, todos los pensamientos se convierten en hechos con el tiempo. Si te enfocas en la fatalidad negativa, permanecerás debajo de esa nube. Si se enfoca en pensamientos positivos y tiene metas que pretende alcanzar, encontrará una manera de lograrlos siempre y cuando tome acción.

"Piense Y Hágase Rico Creando Un Negocio Digital Desde Cero"

Desafortunadamente, muchos de nosotros todavía estamos ciegos ante el potencial que está dentro de nosotros. En consecuencia, es muy fácil dejar sus pensamientos y emociones sin prestarles atención. Esto envía los pensamientos equivocados y atrae más emociones y eventos no deseados a tu vida.

Otro objetivo común en todo el mundo es <u>la abundancia financiera</u>. La riqueza trae beneficios obvios a tu vida. El dinero puede poner un techo sobre tu cabeza y comida sobre la mesa. Del mismo modo, usted tiene la capacidad de mantener a su familia y alcanzar su libertad financiera.

"Siempre recuerda, el dinero es un sirviente; Tú eres el maestro".

-Bob Proctor

Desafortunadamente, muchos de nosotros tenemos relaciones problemáticas con la idea de riqueza. Ciertamente tiene connotaciones de avaricia y vanidad.

"Piense Y Hágase Rico Creando Un Negocio Digital Desde Cero"

Para atraer dinero, necesitamos desterrar estos patrones de pensamiento negativos. Un aspecto es esta idea de que la positividad genera positividad.

Por lo tanto, puede aprender cómo aprovechar los hábitos positivos del dinero fácilmente, con la ayuda de herramientas y técnicas de visualización.

La actitud mental de la fe aplicada debe ser cultivada, fortalecida y mantenida. La razón es directa:

La fe aplicada te da la capacidad de despejar tu mente del miedo y la duda. Al hacerlo, puede dirigir sus facultades mentales hacia el logro de su deseo en lugar de disipar su enfoque.

Nadie está listo para recibir nada si no tienen la creencia absoluta de que pueden poseer esa cosa. La fe te da el poder de creer que recibirás todo lo que necesitas para lograr tu propósito definido en la vida.

"Piense Y Hágase Rico Creando Un Negocio Digital Desde Cero"

Ejercicio

Repita la siguiente afirmación durante el día hasta que se convierta en un hábito.

"Debo formar una imagen mental clara de las cosas que quiero. Y debo mantener esta imagen en mis pensamientos, con el propósito fijo de obtener lo que quiero y la fe inquebrantable de que obtendré lo que quiero, cerrando mi mente a todo lo que puede tender a sacudir mi propósito, atenuar mi visión o apagar mi fe."

La cita:

"Los que están lo suficientemente locos como para pensar que pueden cambiar el mundo, son los que lo hacen".

- Steve Jobs

"Piense Y Hágase Rico Creando Un Negocio Digital Desde Cero"

Capítulo 4

Autosugestión

El medio para influenciar la mente subconsciente
El cuarto paso para la riqueza

Napoleon Hill leyendo su propio libro

"Piense Y Hágase Rico Creando Un Negocio Digital Desde Cero"

Si ha seguido los esquemas del método de seis pasos de Hill en el capítulo anterior, tendrá una declaración y está trabajando en un plan para lograr su deseo.

Lo que debe hacer a continuación, según Hill, es entrenar su mente subconsciente para lograr el éxito que desea.

¿Qué es la autosugestión?

La autosugestión es una técnica para enseñar a creer que puede lograr lo que quieras. Hill describe que para hacer eso, simplemente basta con sentarse en un área pacífica y tranquila, y leer su declaración mientras visualiza y cree que ya ha logrado su deseo.

Lo que quieres hacer es condicionar tu deseo en tu mente subconsciente.

Hill escribe que cuando alcanzas tu propio subconsciente canalizando tus pensamientos, el éxito ya no será un enigma. La sugerencia automática creará una fe inquebrantable en usted que lo guiará en la dirección correcta en la que desea viajar.

¿Como la autosugestión funciona?

Al igual que conducir un automóvil, no necesita concentrarse en hacerlo porque ha entrenado su cerebro y su cuerpo para actuar de manera automática, como su segunda naturaleza.

Cuando se haya convencido del deseo que desea lograr a través de la sugestión automática, trabajará en el éxito que desea y obtendrá resultados deseables sin esfuerzo.

Como usar el poder de la Autosugestión. El subconsciente actúa de acuerdo con estas afirmaciones, que se combinan con la fe y la repetición.

Leer en voz alta y verse a sí mismo en posesión de una cantidad particular de dinero es uno de los métodos más eficientes de auto sugerencia.

"Piense Y Hágase Rico Creando Un Negocio Digital Desde Cero"

Al repetir esta práctica, crea patrones de pensamiento y hábitos que son favorables para sus esfuerzos por convertir su deseo en su equivalente monetario.

Eventualmente, esto activará su subconsciente para darle la inspiración necesaria para crear planes específicos que lo ayudarán a alcanzar su objetivo.

Así es como puede practicar el proceso de la autosugestión:

1. Busque un lugar tranquilo donde no lo interrumpan. Cierra los ojos y repite en voz alta la declaración que escribiste sobre la cantidad de dinero que pretendes adquirir, el límite de tiempo y la descripción del servicio o producto que pretendes dar a cambio del dinero. A medida que siga estas instrucciones, es importante que se vea con el dinero.

"Piense Y Hágase Rico Creando Un Negocio Digital Desde Cero"

2. Repita esta práctica cada mañana y tarde, después de levantarse y antes de acostarse.

3. Guarde una copia escrita de su estado de cuenta en un lugar accesible que pueda ver muchas veces al día hasta que lo memorice.

No olvides que tu habilidad para aplicar el principio de autosugestión dependerá de tu habilidad para mantenerte enfocado en tu deseo hasta que se convierta en una obsesión constante.

Es imprescindible saber exactamente lo que quieres. Además, es esencial visualizarse como propietario de lo que desea. Si el dinero es lo que desea, escriba la cantidad exacta de dinero que desea y su plan para adquirirlo.

Ejercicio

"Piense Y Hágase Rico Creando Un Negocio Digital Desde Cero"

En la cama por la noche y a primera hora de la mañana, con los ojos cerrados, haga lo siguiente:

- *Repite en voz alta la declaración escrita de la cantidad de dinero que pretende acumular, el límite de tiempo para su acumulación y una descripción del servicio o mercancía que pretende dar a cambio del dinero.*

A medida que lleve a cabo estas instrucciones, ya se verá en posesión del dinero.

Capítulo 5

Conocimiento Especializado

El quinto paso hacia la riqueza

"Piense Y Hágase Rico Creando Un Negocio Digital Desde Cero"

Henry Ford y Thomas Edison

Existen dos clases de conocimiento:

Uno es general, el otro es especializado.

El conocimiento general sin importar cuánto o cuán grande pueda ser difícilmente te ayudará a conseguir dinero.

Ejemplo de esto son los profesores, la mayoría de las veces son pobres aun cuando tienen conocimiento de sobra y el motivo es precisamente la falta de sabiduría acerca de cómo aplicar satisfactoriamente estos conocimientos.

La verdad que los profesores ignoran

Conocimiento nunca atraerá dinero a no ser que esté organizado inteligentemente en un plan de acción cuyo único objetivo es atraer dinero.

Si usted sufre de inferioridad por causa de no tener la educación necesaria sepa que Thomas Edison tenía solo 3 meses de escolaridad y Henry Ford tenía un poco menos de sexto grado. Sin embargo, supieron alcanzar el éxito profesional y financiero en sus vidas e impactar al mundo positivamente con sus invenciones.

¿Entonces, qué deberías aprender?

Si tu objetivo es crear un negocio tanto online como offline necesitas entender que el único conocimiento que realmente precisas es aquel que

"Piense Y Hágase Rico Creando Un Negocio Digital Desde Cero"

haga a tu empresa generar ingresos es ahí donde debería estar tu foco y no en nada más.

Es esa habilidad la que te traerá el 90% de los resultados, existen millares de tareas y habilidades a ser dominadas en un negocio online, la mayoría de las personas que fracasa es precisamente por ignorar este principio.

El mundo digital está lleno de herramientas y habilidades a ser dominadas sin embargo ninguna de estas es la que hace que alguien quiera darte dinero.

"Cómo Encontrar Profesionales Extremadamente Calificados Que Te Ayuden A Construir <u>Tu Imperio Digital</u>"

Evitando Así La Sobrecarga De Trabajo, El Bloqueo Por Sobreproducción Y La Procrastinación Innecesaria

"Piense Y Hágase Rico Creando Un Negocio Digital Desde Cero"

Henry Ford y el Ford T

El señor Henry Ford se encontraba colérico...

Por horas había sido cuestionado acerca de su inteligencia, durante horas había sido forzado a responder preguntas sin importancia como:

¿Quién fue Benedict Arnold? o *Cuantos soldados enviaron los ingleses a América para suprimir la rebelión de 1776?* y cosas de ese estilo.

Un grupo de periodistas ignorantes intentan ponerlo en ridículo. Intentaban demostrar que, mientras que el señor Ford podría si efectivamente

"Piense Y Hágase Rico Creando Un Negocio Digital Desde Cero"

saber mucho de automóviles, era un completo ignorante en otros aspectos como historia, por ejemplo.

A lo que el señor Ford respondió:

- *Si realmente quisiera responder a las preguntas que ustedes me han hecho hoy, déjenme recordarles que en mi oficina, dispongo de una mesa llena de botones con los cuales puedo disponer de profesionales calificados a mi servicio para lograr cualquier tarea concerniente al negocio al cual dedico todos mis esfuerzos.*

- *¿Ahora, podría usted decirme porque me preocuparía en saber todas esas cosas si ya tengo personas que pueden hacer eso por mí?*

La respuesta del señor Ford ese día probablemente ilustre uno de los problemas más graves de los emprendedores digitales de la actualidad, que es la falsa creencia de que ellos necesitan saberlo todo.

"Piense Y Hágase Rico Creando Un Negocio Digital Desde Cero"

CEO no significa sabelotodo

Es imposible que en una empresa o negocio solo una persona consiga hacerlo todo. Incluso es hasta posible que el resultado para esa persona sería un desgaste tan grande, que le impediría escalar su empresa.

Es por eso por lo que, como bien explicó Ford, usted precisa tener profesionales calificados a su disposición que te ayuden en la construcción de tu negocio.

Desafortunadamente, la concepción de emprendedor digital hoy en día es la de un muchacho nerd detrás de un ordenador las 24h del día programando, diseñando y haciendo cosas complicadas de ordenador.

Cuando en realidad lo único que usted necesita es tener la visión, el conocimiento y el propósito de hacer girar la rueda de los ingresos en su empresa.

La Buena Noticia Es Que Afortunadamente...

"Piense Y Hágase Rico Creando Un Negocio Digital Desde Cero"

"La Mesa De Botones De Henry Ford Ya Existe!"

¡Descubra! Como obtener profesionales online que te ayuden a crear tu imperio digital en pocos clics.

Existen muchos lugares online donde encontrar buenos profesionales más el que yo personalmente uso y recomiendo es Fiverr.

Personalmente recomiendo Fiverr por ser una plataforma 100% confiable y que incluso cuando no fue de las primeras plataformas en brindar este servicio, han sabido con el pasar del tiempo ganar el corazón de sus clientes gracias a su servicio de excelencia, su protección al consumidor, la practicidad y facilidad de uso de la plataforma.

Son estos aspectos lo que permite que incluso adolescentes usen Fiverr todos los días y creen un ingreso online previsible, seguro rápido y rentable brindando servicios. En fiverr encontrarás todos los profesionales que necesitas para comenzar tu negocio digital

"Piense Y Hágase Rico Creando Un Negocio Digital Desde Cero"

En fiverr podrás encontrar desde diseñadores, hasta gestores de tráfico, programadores, escritores, copywriters todo el apoyo profesional y calificado que necesitas créeme está esperando por ti en Fiverr.

Para encontrar ayuda profesional en Fiverr puedes Click Aquí

La Maldición Del Conocimiento

Todos hemos escuchado el dicho "el conocimiento es poder". Sin embargo, la verdad es un poco diferente:

El conocimiento es un poder potencial.

El conocimiento se convierte en poder solo si está organizado y dirigido inteligentemente a través de actitudes para lograr un objetivo particular.

El conocimiento solo no atraerá dinero. Contrariamente a la creencia popular, las personas exitosas nunca dejan de educarse adquiriendo

"Piense Y Hágase Rico Creando Un Negocio Digital Desde Cero"

conocimientos especializados relacionados con sus propósitos, negocios o profesión.

Las personas que fracasan son porque cometen el error de creer que el conocimiento termina después de haber recibido una educación formal.

Obviamente, no es necesario tener un conocimiento específico para acumular riqueza; Es posible tener acceso a las personas que tienen este conocimiento.

Cuando el conocimiento específico está más allá de sus habilidades o capacidades, puede construir un puente para tener la información mediante la contratación de personas con ese conocimiento.

Ejercicio

"Piense Y Hágase Rico Creando Un Negocio Digital Desde Cero"

- *Decida sobre la mercancía, el producto o el servicio profesional que aplicará para generar su fortuna.*
- *Identifique a un individuo o un grupo de personas que han construido su prosperidad de esa manera.*
- *Averigüe todo lo que pueda de ellos sobre cómo lo hicieron.*

El mejor resultado vendría entrando en una relación de mentoría con este grupo.

La cita:

"Una inversión en conocimiento paga el mejor interés".

- Benjamín Franklin

"Piense Y Hágase Rico Creando Un Negocio Digital Desde Cero"

Capítulo 6

> Imaginación
> *El taller de la mente*
> El sexto paso para la riqueza

Asa Candler

Los grandes líderes de negocios empresas industrias y finanzas y los grandes artistas músicos y poetas se

"Piense Y Hágase Rico Creando Un Negocio Digital Desde Cero"

vuelven exitosos porque desarrollan la habilidad de la imaginación creativa.

Déjame explicarme mejor...

Hace muchos años, un empleado de una farmacia usó todos los ahorros de su vida, (alrededor de $500) para comprar una tetera vieja, una cuchara de madera y una fórmula secreta de un médico.

Fue un buen trato para el médico que quería retirarse, pero poco sabía el médico que resultó ser un trato que cambió la vida del empleado, Asa Candler.

Lo que Candler realmente compró

Asa Candler sabía que realmente no había comprado la tetera y la cuchara de madera, sino una idea. Candler luego mezcló el ingrediente con la fórmula secreta a través de su propia imaginación y creó Coca-Cola.

Candler comercializó agresivamente la nueva bebida y se volvió súper exitosa con ella. Y Coca-

"Piense Y Hágase Rico Creando Un Negocio Digital Desde Cero"

Cola ha creado miles de empleos y oportunidades de negocios para personas de todo el mundo, y todo comenzó con una idea.

Cómo Funciona la Imaginación.

La capacidad imaginativa funciona en dos formas:

Imaginación Sintética: Es la capacidad de transformar viejos conceptos imágenes o ideas en nuevas combinaciones. Esta capacidad no crea funciona solamente con experiencias previas.

Imaginación Creativa: Es la comunicación directa del hombre con la inteligencia infinita es la capacidad que nos permite tener inspiración y presentimientos.

Mientras que la imaginación sintética es la que más usaras para atraer dinero hacia tu vida la imaginación creativa es útil a la hora de resolver problemas difíciles que requieran pensar fuera de la caja.

Cómo Usar La Imaginación De Forma Práctica.

"Piense Y Hágase Rico Creando Un Negocio Digital Desde Cero"

Las ideas son el punto de partida de todas las fortunas. Las Ideas son producto de la imaginación.

Hace algunos años mientras el doctor y conferencista Gunsaulus asistía al colegio, percibió defectos en el sistema educacional que él creía fuertemente que podría resolver.

Un día el decidió que la única forma de acabar con aquella precaria situación educacional era creando su propio colegio e aplicando su propia metodología.

¡Sin embargo, para esa tarea necesitaría un millón de dólares!

Dia y noche el pensamiento de no poder crear su colegio por falta de dinero lo perseguía y no podía dormir. Hasta que un sábado en la tarde pensando en su habitación se decidió poner manos a la obra y buscar en las profundidades de su mente una forma de tener ese dinero.

Fue en ese momento en que decidió que daría un sermón en la iglesia titulado "que haría si tuviera un

"Piense Y Hágase Rico Creando Un Negocio Digital Desde Cero"

millón de dólares", fue entonces cuando aquel día en la iglesia después que hubo dado aquel sermón un señor se aproximó a él.

Su nombre era Philip D. Armour y con su ayuda el Dr Gunsaulus fundó el Instituto Armour De Tecnología.

Ese fue un logro mucho mayor de lo que muchos predicadores jamás verán en sus vidas sin embargo la materialización de ese dinero fue creada en la mente del Dr Gunsaulus en cuestiones de minutos.

La imaginación como ente activo en la construcción del deseo.

El hombre crea cualquier cosa que pueda imaginar. La principal limitación de un individuo es el uso limitado de la imaginación.

Convertir el deseo en dinero requiere planes específicos, que generalmente vienen a través de la imaginación sintética. Sin embargo, es la

"Piense Y Hágase Rico Creando Un Negocio Digital Desde Cero"

imaginación creativa la que normalmente revoluciona el mundo.

Tanto la imaginación sintética como la creativa se agilizan a medida que las usas, al igual que los músculos se desarrollan con el deporte. Lo importante es ejercitarlos.

La creencia falsa que destruye la vida de millones de personas anualmente

Existe una creencia generalizada de que la riqueza proviene del trabajo duro; sin embargo, la riqueza generalmente se adquiere como resultado de la aplicación de principios definidos, cuando el creador de ideas y el vendedor de ideas unen sus fuerzas y trabajan en armonía.

Las ideas que genera la imaginación son las fuerzas que convierten el deseo en realidad. Debe agregar imaginación a su conocimiento especializado para hacerse rico.

"Piense Y Hágase Rico Creando Un Negocio Digital Desde Cero"

Estamos limitados sólo por nuestra imaginación. Cuando concibes algo en tu mente y te convences de que es posible, tomarás posesión de los medios para realizar tu sueño.

El Julio Verne Del Siglo 21

Elon Musk ha sido considerado por muchos el Julio Verne del siglo 21 use su historia como su piedra de toque para el uso de la imaginación y la creencia. Desde eliminar la dependencia del combustible fósil hasta colonizar Marte, Musk es el ejemplo ideal del uso de la imaginación creativa.

Las ideas soñadas de Elon Musk están cambiando el mundo. Todo lo que ves a tu alrededor, independientemente de dónde vayas, comenzó como un pensamiento en la imaginación de alguien. ¿Cuál es tu sueño?

Ejercicio

- *Invierta 30 minutos todos los días en tiempo de imaginación creativa. Entre en un lugar tranquilo con un cuaderno donde no te molesten por un período de tiempo.*

- *Cierra tus ojos.*
- *Centra tu atención.*
- *Comienza a imaginar vivir tu vida perfecta. Véalo, inténtelo y créalo.*
- *Visualízate realizando la tarea o brindando el servicio que te brindará las cosas que deseas en el plano físico.*
- *Ahora, tómese el tiempo para escribir en un diario las ideas que se le ocurrieron durante su sesión diaria.*

La cita:

"Piense Y Hágase Rico Creando Un Negocio Digital Desde Cero"

Piensa a la izquierda y piensa a la derecha y piensa bajo y piensa alto. ¡Oh, piensa que puedes pensar si solo lo intentas!

- Dr. Seuss

Capítulo 7

Organización Planificada

La Cristalización Del Deseo En Acción

El séptimo paso hacia la riqueza

"Piense Y Hágase Rico Creando Un Negocio Digital Desde Cero"

Russell Brunson

"No existe desgracia en ser un seguidor sin embargo no existe gloria en permanecer como uno".

Esta probablemente sea una de las lecciones de este libro que probablemente te ayudaran más a alcanzar el éxito en el mundo digital.

En un mundo de seguidores usted como emprendedor incluso cuando deberías buscar información valiosa tener mentores e invertir en un

"Piense Y Hágase Rico Creando Un Negocio Digital Desde Cero"

círculo social poderoso necesitas entender que hagas lo que hagas el éxito no llegará hasta que no te posiciones a ti mismo o a tu empresa como líder en un determinado mercado o nicho.

Checklist para transformarse en líder de tu tribu y dominar tu mercado

A continuación, te revelaré lo que son las cualidades indispensables que necesitas desarrollar como líder si realmente quieres crear un negocio exitoso.

Coraje: Ningún seguidor será guiado jamás por una persona con falta de confianza y coraje.

Autocontrol: El hombre que no se controla asimismo difícilmente podrá controlar a otros.

Aguzado Sentido De Justicia Y Ética: Ningún líder podrá mantener el respeto de sus seguidores sin un sentido de justicia y ética cabal.

"Piense Y Hágase Rico Creando Un Negocio Digital Desde Cero"

Decisión Definitiva: Hombre sin decisión no está seguro de sí mismo, difícilmente conseguirá liderar otros hombres.

Planes Bien Definidos: Un líder que actúa sin planes definidos es el equivalente a un barco que navega sin rumbo y sin capitán.

Entregar Más De Lo Pedido: Un líder necesita una necesidad ferviente de entregar cada vez más a sus seguidores.

Personalidad Complaciente: Una persona que no se interesa por nada difícilmente se transformará en un gran líder.

Simpatía Y Entendimiento: Un líder debe sentir empatía por sus seguidores y entender más que nadie sus problemas.

Maestro Del Detalle: Necesitas convertirte en un maestro de los detalles del liderazgo.

Responsabilidad: Un líder debe asumir la responsabilidad de los aciertos y fracasos de sus

"Piense Y Hágase Rico Creando Un Negocio Digital Desde Cero"

seguidores en caso contrario no podrá ser considerado líder.

Cooperación: El liderazgo por consentimiento o sea aquel liderazgo donde el seguidor es llevado a tomar acción bajo su propio deseo debe ser el estilo de un verdadero líder.

Interiorizar estos principios y analizar profundamente cuáles de ellos precisan de más atención en tu momento actual te proveerá con un claro camino hacia convertirte en un líder en tu área de actuación.

Recuerda aquella ley de Marketing que plantea que solo sobreviven aquellos líderes de mercados el resto está condenado a desaparecer en el tiempo, ejemplo de esto son empresas como Atari y Kodak.

Si usted se encuentra intentando entrar en un mercado dominado por otra marca consolidada usted no tiene alternativa más que crear su propio mercado, más ese es tema podría ser tratado en otro libro.

"Piense Y Hágase Rico Creando Un Negocio Digital Desde Cero"

.Lo importante es entender que liderar es una habilidad necesaria del éxito en cualquier negocio empresa y mercado del mundo.

"Como Dominar Cualquier Mercado

Y Convertirse En Líder"

En Menos De 5 Años Comenzando Desde Cero Incluso Cuando Tu Competencia Tiene Mejores Productos, Más Dinero Y Servicios Por La Mitad Del Precio Que Los Tuyos

Por: Russell Brunson

Si ha pasado más de un año en el mundo del marketing online, probablemente al menos haya oído hablar de Russell Brunson.

Russell se encuentra hoy entre los emprendedores online más exitosos e inspiradores del mundo.

En los últimos diez años, ha creado un seguimiento de millones de empresarios, y es reconocido por

"Piense Y Hágase Rico Creando Un Negocio Digital Desde Cero"

popularizar el concepto de embudos de ventas a través de su empresa de software ClickFunnels.

Russell publicó y vendió más de 250,000 copias de sus libros de mercadotecnia destinados a ayudar a los futuros emprendedores como usted a comenzar y desarrollar una empresa exitosa.

Russell es un emprendedor hecho a sí mismo. A partir de 2020, el patrimonio neto de Russell Brunson se estima en $ 37 millones.

Su objetivo principal es inspirar y hacer que más personas se beneficien de los embudos de ventas y el espíritu empresarial.

Como Russell comenzó

El primer gran avance en el negocio de Russell Brunson se produjo después de vender exitosamente DVDs de armas de papa en línea. A través de este negocio, se unió a la industria del marketing en Internet y desde entonces se ha convertido en uno de los expertos más influyentes en el tema en todo el mundo.

"Piense Y Hágase Rico Creando Un Negocio Digital Desde Cero"

A diferencia de la mayoría de las personas que se esfuerzan por encontrar un empleo formal al completar la educación universitaria, Russell Brunson ya había ganado su primer millón cuando se graduó.

Durante los primeros años de su ingreso al marketing digital, su cartera de ventas se combinó con una amplia gama de productos. Vendió artículos que iban desde software, cupones, libros de entrenamiento, servicios tecnológicos hasta camisetas y servicios de consultoría.

En este primer esfuerzo importante, Russell Brunson alcanzó el primer puesto al haber generado 1,5 millones de leads. Varias compañías le otorgaron un Ferrari por sus logros. Como la mayoría de las personas exitosas, trabajó mientras observaba posibles soluciones para frenar los desafíos existentes.

Cómo nació Clickfunnels

Unos años más tarde en el negocio, se dio cuenta de la necesidad de embudos de ventas para habilitar la

"Piense Y Hágase Rico Creando Un Negocio Digital Desde Cero"

tecnología. Este nicho llevó a comenzar un proveedor de servicios innovador llamado ClickFunnels.

Hoy Clickfunnels es líder del mercado de los embudos de ventas con más de 100,667 miembros, procesando más de 4.2 billones de dólares en ventas, permitiendo a 789 personas llevar sus negocios digitales a alcanzar sumas de más de un millón de facturamiento anual, además de ayudar a 56 personas a facturar más de 10 millones de dólares en ventas online y todo gracias al entendimiento cabal del liderazgo.

Tu Próximo Paso Ideal.

Si has llegado hasta aquí es porque tu intención de crear un negocio online es realmente verdadera y comprometida este libro te provee con los pilares mentales que sin duda te llevarán hasta el éxito, sin embargo necesitarás un mentor para guiarte en tu jornada como empresario digital y créeme no tendrás un mejor mentor que Russell.

"Piense Y Hágase Rico Creando Un Negocio Digital Desde Cero"

Su libro DotComSecrets ha sido el equivalente a la Biblia para todos aquellos que hoy disfrutan de los beneficios de negocios digitales de éxito.

En ese libro descubrirás la fórmula secreta del éxito online, como encontrar tu cliente ideal, los tipos y diferencias de visitantes a un sitio web, como deconstruir y copiar el éxito de un embudo de ventas además de los 23 pasos para crear tu propio embudo de ventas rentable.

Conclusión

Los planes infalibles son esenciales para la creación de riquezas, y solo las habilidades e imaginaciones demuchas personas permitirán el desarrollo de planes perfectos.

Hay pasos que debes seguir para construir este grupo y hacer:

"Piense Y Hágase Rico Creando Un Negocio Digital Desde Cero"

1. Planea reuniones con tantas personas como sea necesario para la creación e implementación de tu plan para acumular dinero.
2. Antes de formar su equipo de "mente maestra", defina qué ventajas y beneficios puede ofrecer a los miembros de su equipo a cambio de su cooperación. Nadie va a trabajar sin alguna recompensa.
3. Reúnase con su equipo al menos dos veces por semana, hasta que haya perfeccionado su plan para acumular riqueza.
4. Mantenga la armonía entre usted y los otros miembros del grupo.

Para tener éxito, debe tener planes infalibles y bien diseñados.

Además, ninguna persona tiene la habilidad, experiencia, educación y conocimiento suficientes para asegurar la acumulación de riqueza sin la cooperación de otros.

Es normal que su primer plan falle, pero es importante que siga intentándolo hasta que encuentre un plan que funcione. La mayoría de las personas fracasan porque se rinden demasiado pronto.

Siga este método descrito por Napoleón Hill para crear planes prácticos.

Colabora: Asóciate con personas que te ayudarán a generar y llevar a cabo tu plan.

Mente maestra: Decida claramente los beneficios para los demás por formar parte de esta alianza vital.

Reuniones regulares: mínimo de una vez por semana, específicamente para centrarse en un objetivo común.

Armonía: mantén una relación amistosa con tu grupo.

La cita:

"Ir juntos es un comienzo; mantenerse juntos es progreso; trabajar juntos es un éxito ".

- Henry Ford

"Piense Y Hágase Rico Creando Un Negocio Digital Desde Cero"

Capítulo 8

Decisión

La Maestría De La Procrastinación

El octavo paso hacia la riqueza

Tony Robbins

Un análisis profundo del comportamiento de los que han experimentado el fracaso demuestra, que la falta de decisión encabeza la cima de la lista de las mayores causas de fracaso. ¡Esto no es una teoría, es un hecho!

Verás...procrastinación, el contrario de decisión, es un enemigo común que todos los hombres y

"Piense Y Hágase Rico Creando Un Negocio Digital Desde Cero"

mujeres que procuran el éxito online deberían derrotar.

Una de las principales causas de la procrastinación es el miedo a la opinión de los demás. Las opiniones son la más barata de las comodidades de nuestro planeta, todas las personas tienen un mundo de opiniones listas para ser liberadas sobre aquellos que las acepten.

No permitas que tus decisiones sean condicionadas por las opiniones ajenas o estarás condenado a fracasar, pues aquellos que toman decisiones prontas y rápidas saben lo que quieren y, por lo general, son los que lo consiguen.

La verdad sobre los líderes es que...

Los líderes son buenos tomadores de decisión, por eso es que son considerados líderes.

El mundo tiene el hábito de hacer espacio para aquellos hombres que saben hacia dónde van.

La indecisión, el asesino silente.

"Piense Y Hágase Rico Creando Un Negocio Digital Desde Cero"

Una gran diferencia entre las personas exitosas y las que nunca logran el éxito es la indecisión. La dilación es un error generalizado que debes dominar si quieres tener éxito.

Sin excepción, todas las personas exitosas tienden a tomar decisiones rápidamente y cambiarlas lentamente. Las personas que toman decisiones de inmediato y con confianza saben lo que quieren y generalmente lo obtienen.

La diferencia entre las personas que acumulan riquezas y las que no acumulan riquezas.

Las personas que no pueden acumular riqueza tienden a tomar decisiones lentamente y a cambiarlas constantemente. Las personas que son fácilmente influenciadas por las opiniones de los demás no tienen un deseo ardiente propio y es poco probable que tengan éxito.

Los grandes logros provienen del deseo y la capacidad de tomar decisiones audaces.

"Piense Y Hágase Rico Creando Un Negocio Digital Desde Cero"

Lucha para tomar decisiones por tu cuenta y síguelas. Si es necesario, acepte el consejo de su grupo Mastermind.

Recuerde:

Todas las personas con las que interactúa también buscan dinero y oportunidades. Así que hay que tener cuidado. Si habla abiertamente sobre sus planes o ideas, no se sorprenda al descubrir que alguien más los puso en práctica.

La capacidad de tomar decisiones inmediatas se produce cuando sabes lo que quieres, y es esa habilidad la que define a los líderes.

Mantenga los ojos y oídos abiertos y la boca cerrada si desea adquirir el hábito de tomar decisiones inmediatas.

Las personas que hablan mucho hacen poco. La persistencia es el elemento clave en el proceso de transformar el deseo en realidad. El poder de la fuerza de voluntad es la base de la persistencia.

"Piense Y Hágase Rico Creando Un Negocio Digital Desde Cero"

Recuerde, una decisión real se mide por el hecho de que ha tomado nuevas medidas. Si no hay acción, realmente no lo has decidido.

Tony Robbins

Capítulo 9

La Persistencia

El Esfuerzo Sostenido Necesario Para Inducir la Fe

El Noveno Paso Para La Riqueza

"Piense Y Hágase Rico Creando Un Negocio Digital Desde Cero"

La romancista Fannie Hurst

La capacidad inherente a los "hombres despiadados"

El octavo factor viene de la unión del *deseo* con *la voluntad de poder*. Cuando los dos se unen, se convierten en una pareja letal.

"Piense Y Hágase Rico Creando Un Negocio Digital Desde Cero"

Los hombres que usaron de esa combinación como Ford, Carnegie, Rockefeller y Edison, son frecuentemente tomados por despiadados porque nunca aceptaron "no" como respuesta, ni cuando la mayoría de la gente se hubiera rendido.

Ellos continuaron con sus objetivos a pesar de las oposiciones, y es por eso por lo que llegaron a la posición e influencia que tuvieron.

¿Pero qué será eso?

¿El orgullo?

¿La avaricia?

¿La arrogancia?

El octavo factor es nada más y nada menos que… la *persistencia*.

"Piense Y Hágase Rico Creando Un Negocio Digital Desde Cero"

La persistencia es para el hombre lo que él carbón es para el metal.

Eso es decir que, para sobrevivir, necesitamos algunas virtudes que nos puede ayudar a resistir a constantes situaciones negativas en nuestras vidas, resolutos y decididos a seguir nuestros caminos a pesar de todos los riesgos vamos a encontrar.

Desafortunadamente, esta es una habilidad olvidada por una grande parte de las personas. Todavía es algo que puede ser conquistado con el esfuerzo, aún que el esfuerzo sin deseo no te llevará a parte alguna.

Obviamente la persistencia y el deseo no se crean solo. Ellos nacen de una fuente en común llamada OBJETIVO.

El éxito viene de la persistencia, y la persistencia viene del hábito.

"Piense Y Hágase Rico Creando Un Negocio Digital Desde Cero"

Las personas que hicieron grandes fortunas lo hicieron por NECESIDAD. Ellos desarrollaron el hábito de la persistencia porqué las circunstancias no les dejó otra opción que tornarse persistentes.

Los persistentes saben que tendrán algunas pérdidas en la vida. Así, ellos comprendieron una lección muy importante:

Contrario a los que abandonan sus objetivos, los persistentes serán inmensamente premiados por su persistencia. No solo ellos reciben lo que buscaban, como algo mucho mayor que los bienes materiales.

Fannie Hurst la musa ignorada de Broadway

Fue con este secreto en mente que, en 1915 Fannie Hurst llegó a New York llena no de sueños, si no de objetivos.

"Piense Y Hágase Rico Creando Un Negocio Digital Desde Cero"

Fannie siempre supo que pertenecía a Broadway, aunque la propia Broadway no lo supiera.

Por cuatro años Fannie luchó para que sus escritos se convirtieran en fortuna, pero no obtuvo ningún éxito.

Ella trabajaba los días y anhelaba por la noche.

Sus historias fueron rechazadas 60 veces antes de lograr su primera publicación. No obstante, después que el hechizo se rompió, centenas de editoras tocaban su puerta.

El dinero llegó tan rápido que Fannie ni tuvo tiempo de contarlo.

Si no hubiera sido por su persistencia, Fannie Hurst, Thomas Edison, W. C. Fields, Marie

"Piense Y Hágase Rico Creando Un Negocio Digital Desde Cero"

Dressler, Wallis Simpson y muchos otros nunca habrían alcanzado el éxito y la riqueza.

La Persistencia, el factor determinante del éxito de Wine Library

En el 2006 con el comienzo de YouTube, Gary Vee creía que la web de videos dominaría el mercado, entonces comenzó a subir videos a diario dónde hablaba sobre los vinos que vendía en su tienda.

No sé si te acuerdas, pero YouTube fue creado solamente un año antes, en el 2005. O sea, casi no había canales en la plataforma. Gary fue uno de los pioneros de YouTube.

La mayoría de las personas no creían que el sitio tendría éxito. Sin embargo, Gary siempre supo lo que estaba haciendo y algún tiempo después su canal, Wine TV, era tan conocido que Gary fue

"Piense Y Hágase Rico Creando Un Negocio Digital Desde Cero"

llamado a participar de programas de Televisión para hablar de vinos y el resto ya usted sabe

Usted necesita comprender que...

La riqueza no es alcanzada con un simple deseo y sí con un plan definido, con deseos definidos y con persistencia constante.

La persistencia, como cualquier otro estado mental, se puede cultivar y se basa en los siguientes factores:

- Tener un propósito claro: saber lo que quieres es probablemente el paso más importante para desarrollar la persistencia. Un motivo fuerte te lleva a enfrentar muchas dificultades.
- Alimentando su deseo: es relativamente fácil adquirir y mantener la persistencia cuando persigue el objeto de su deseo.
- Confianza en sí mismo: cree en tus habilidades para seguir un plan, anímate a ser

persistente y no te rindas hasta que hayas alcanzado tu objetivo.

- <u>Tenga una definición de los planes:</u> Organizados le dan una dirección, fomentando la persistencia.
- <u>Cooperación:</u> la simpatía, el apoyo mutuo y la cooperación armoniosa con otros desarrollan persistencia.
- <u>Fuerza de voluntad:</u> la capacidad de concentrar sus pensamientos en la creación de planes para lograr un propósito definido conduce a la persistencia.
- <u>Hábito:</u> la persistencia es un resultado directo de la práctica.

Como crear el hábito de la Persistencia

Para formar el hábito de la persistencia, debe tener un propósito definido respaldado por un deseo ardiente. Cree un plan definido y actúe en consecuencia.

"Piense Y Hágase Rico Creando Un Negocio Digital Desde Cero"

Cierra tu mente contra todas las influencias negativas y desalentadoras, incluidas las sugerencias negativas de familiares, amigos y conocidos. Asóciese con personas que lo alentarán a avanzar con su plan y propósito.

Si renuncia nunca gana, y un ganador nunca renuncia.

Ejercicio

Determine una meta que haya decidido alcanzar en los próximos 12 meses.

- *Haga una lista de los pasos de acción que debe seguir para lograr este objetivo.*
- *Escriba la actitud mental que necesitará mantener para lograrlo.*
- *Todas las noches tome una nota adhesiva y califique de 1 a 10.*
- *El 1 indica que dejó pasar el día sin hacer nada en su lista y manteniendo una mala actitud.*

- *Un 10 escrito en su nota adhesiva indica el mejor desempeño, ejecución y actitud para ese día.*
- *Ahora, coloca tu nota adhesiva en el espejo de tu baño.*

Cada día, agregue una nota adhesiva al espejo.

Será obvio para usted qué tan bien le va en el ejercicio de la persistencia.

Estos son los escalones que te van a llevar hasta el control de tu destino económico, que te llevan hasta la libertad y independencia de pensamiento, son los escalones que llevan a riquezas, sean grandes o pequeñas, que te llevan al poder, fama y el reconocimiento mundial, son los escalones que garantizan las brechas que te van a ayudar, que transforman sueños en realidad.

Ellos llevan también a la maestría del MIEDO, DESALIENTO e INDIFERENCIA.

"Piense Y Hágase Rico Creando Un Negocio Digital Desde Cero"

Hay un esplendoroso privilegio en seguir estos escalones, el de escribir tu propio guion y hacer que la vida te dé lo que quieres.

La cita:

Si no puedes volar, corre, si no puedes correr, camina, si no puedes caminar, gatea, pero hagas lo que hagas tienes que seguir avanzando.

Martin Luther King hijo.

Capítulo 10
El Poder de La Mente Maestra
La Fuerza que Nos Mueve

"Piense Y Hágase Rico Creando Un Negocio Digital Desde Cero"

Thomas Edison, Henry Ford y Harvey Firestone

El Poder del propósito único

El Rey del Acero, Andrew Carnegie, hace más de cien años ya sabía del poder de rodearse de personas para el mismo propósito. En su caso, manufacturar y comercializar acero.

Es de conocimiento general que un conjunto de baterías eléctricas proveerá más energía que una sola batería. También es de conocimiento general que una batería es proporcional al número y capacidad de células que posee.

Así es con el cerebro. Algunos son más eficientes que otros, pero cuando conectados en armonía proveerán más pensamientos/energía que uno solo cerebro, tal como, un grupo de baterías crearán más energía que una sola.

Los seres humanos tienden a seguir la naturaleza, el hábito y el PODER DE PENSAMIENTO de aquellos que están en sus vidas.

Eso quiere decir que cuando te rodeas de gente perezosa y negativa, seguirás el mismo patrón y te volverás perezoso y negativo. No obstante, el opuesto también sucede.

"Para lograr tener éxito, usted necesita estar alrededor de los exitosos, de las grandes mentes y de las grandes fortunas".

"Piense Y Hágase Rico Creando Un Negocio Digital Desde Cero"

Este es el principio de la Mente Maestra

Cuando un grupo de individuos se unen con un objetivo en mente, sus pensamientos se convierten en energía y esa energía se convierte en lo que muchos llamarán: "genio."

El gran Henry Ford nació en la pobreza en una hacienda, vivió en la ignorancia y creció en el analfabetismo.

¿Cómo, entonces, se transformó en uno de los hombres más poderosos del mundo?

Ford solamente obtuvo el éxito que buscó por toda su vida cuando tuvo la grande idea de construir una amistad con algunas de las mentes más ingeniosas de la humanidad:

"Piense Y Hágase Rico Creando Un Negocio Digital Desde Cero"

Thomas Edison, John Burroughs, Harvey Firestone y Luther Burbank.

Con su sociedad con los cuatro hombres, Ford acrecentó en su propia mente la inteligencia, la experiencia, el conocimiento y la fuerza espiritual que necesitaba para crecer su negocio.

Además, él aplicó los principios de la Mente Maestra exactamente como le enseñamos en este libro, o sea, este principio también sirve para usted.

Russell Brunson, de Clickfunnels, es uno de los ejemplos de personas que creen en el principio de la Mente Maestra es un gran guía para los empresarios. Su grupo de Mastermind tiene grandes nombres como *Dean Graziosi, Tony Robbins y Billy Gene.*

Recuerda...

"Piense Y Hágase Rico Creando Un Negocio Digital Desde Cero"

"Cuando la riqueza toma el lugar de la pobreza, el cambio normalmente sucede con planos muy bien concebidos y ejecutados. Ya la pobreza no necesita de planos ni de ayuda para acontecer, pues es cruel e implacable"

El poder del conocimiento:

Existen tres fuentes principales de conocimiento:

- inteligencia infinita - a la que puede acceder cuando utiliza la imaginación creativa.
- La experiencia acumulada - educación formal e informal.
- Investigación y experimentos - recopilación, clasificación y organización de nuevos hechos.

Pero el conocimiento en sí mismo no representa poder. Para convertir el conocimiento en poder, debe incluirlo en planes definidos y actuar sobre esos planes.

"Piense Y Hágase Rico Creando Un Negocio Digital Desde Cero"

Un esfuerzo organizado se produce principalmente a través de la organización armoniosa de los esfuerzos de dos o más personas, en búsqueda de un objetivo común definido.

Se requiere poder para lograr el éxito. Adquieres ese poder de un grupo de personas que se han unido para la realización de un propósito definido. Una armoniosa alianza Mastermind amplifica el poder exponencialmente.

Estas personas pueden ser grandes empresarios, artistas, políticos... Cualquiera persona que conozcas que hubiera tenido éxito en la vida.

Más adelante vas a ver en el capítulo del Sexto Sentido, como Napoleón Hill, el hombre que escribió este libro superó la dificultad de su nacimiento y creó su propio Mastermind.

Ejercicio

- *Obtenga un ideal para algo que desea lograr.*

"Piense Y Hágase Rico Creando Un Negocio Digital Desde Cero"

- *Recuerda que los planes pequeños no tienen magia para remover la sangre. Haga planes para un proyecto grande, audaz y ambicioso con una misión emocionante.*
- *Ahora, decida con total claridad qué beneficios recibirán los demás al unir sus conocimientos y esfuerzos con usted para lograr ese objetivo.*
- *Comience a presentar su idea a los demás y seleccione a sus socios Mastermind con sumo cuidado.*

Si estás rodeado de personas que solamente ven la pobreza, este libro te servirá como una línea para guiarte por tu camino hacia el otro lado, el lado de la fortuna.

Sin embargo, él sólo te ayudará cuando aplicar todo que ves aquí. Únicamente leer y no tomar acción no hará nada por tu vida.

Luego en los primeros meses, vas a sentir el cambio que tendrás en tus resultados tan pronto pongas

"Piense Y Hágase Rico Creando Un Negocio Digital Desde Cero"

todas las reglas en práctica y tengas listo tu Mente Maestra.

La cita:

"No hay dos mentes que se unan sin crear una tercera fuerza invisible e intangible que pueda compararse con una tercera mente".

- Napoleon Hill, Piense y Hágase Rico.

Capítulo 11

El Misterio de La Transmutación Sexual

El onceavo paso hacia la riqueza

"Piense Y Hágase Rico Creando Un Negocio Digital Desde Cero"

Napoleón y Josefina

Cómo utilizar el deseo más poderoso de los seres humanos para construir tu imperio digital

El deseo por el sexo es el más poderoso de los deseos humanos.

Cuando poseídos por este deseo, los hombres desarrollan la imaginación, el coraje, el poder de voluntad, la persistencia y una creatividad hasta entonces desconocida para sí mismo.

"Piense Y Hágase Rico Creando Un Negocio Digital Desde Cero"

Tan fuerte es el deseo sexual que hombres y mujeres ponen en riesgo sus vidas y reputaciones para verlo realizado.

Cuando es direccionada para otra parte, esta fuerza mantiene los mismos principios de creatividad, coraje, poder de voluntad etc., que pueden ser usados para la literatura, el arte o cualquier profesión o llamado, incluyendo la riqueza.

La importancia de la expresión sexual

El deseo de expresión sexual es natural y no puede (ni debería) ser eliminado. Todavía debe ser expresado de una manera que haga rica la mente, el cuerpo y el espíritu del hombre. Esta es la transmutación sexual.

Una búsqueda científica demuestra que:

- Los hombres y mujeres que alcanzaron grandes conquistas son hombres que dominaron el arte de la transmutación sexual.

"Piense Y Hágase Rico Creando Un Negocio Digital Desde Cero"

- ☐ Los hombres que acumularon grandes fortunas y alcanzaron un exorbitante reconocimiento en la literatura, el arte, la industria, la arquitectura y en otras áreas fueron motivados por mujeres.

Las páginas de los libros de Historia están llenas de ellos.

Napoleón Bonaparte, el emperador vitalicio de Francia, fue uno de estos hombres. Cuando inspirado por su amada Josefina, él era irresistible e invencible.

¿Y qué pasó después que su "juicio" le hizo dejar Josefina?

Fue en este momento que su caída comenzó, ya que su derrota estaba muy cerca.

Sin embargo, Napoleón no fue el único que conquistó dinero y fama ante la influencia de su esposa solamente para perder todo al dejarla por una nueva esposa.

¿Cómo eso puede haber sucedido a estos hombres?

La respuesta es muy fácil:

La estimulación sexual de la fuente correcta es la fuerza más imparable que existe.

Los grandes nombres aprendieron a dominar sus instintos y direccionarlos a la maestría. Algunos de ellos son:

George Washington, William Shakespeare, Thomas Jefferson y Andrew Jackson.

Usted necesita comprender que la energía sexual es la clave creativa de todo el genio. Nunca hubo y nunca habrá un grande líder, constructor o artista que no posee la fuerza implacable del sexo.

"Piense Y Hágase Rico Creando Un Negocio Digital Desde Cero"

Últimas palabras sobre la transmutación sexual

Pocas personas alcanzan el éxito antes de los 40 años. El éxito generalmente se obtiene en los años 40 y 60 cuando las personas aprendieron a transmutar sus energías sexuales de manera apropiada.

El deseo sexual es innato y no debe ser reprimido o eliminado. Sin embargo, debe canalizarse para enriquecer el cuerpo, la mente y el espíritu de una persona.

La emoción del sexo es solo una virtud si se usa sabiamente. De lo contrario, puede ser mal utilizado de tal manera que menoscabe el cuerpo y la mente.

El genio se puede lograr cuando combinas y canalizas sexo, amor y romance.

Estas tres emociones, trabajando juntas en armonía, pueden llevar a las personas a caminos increíbles.

"Piense Y Hágase Rico Creando Un Negocio Digital Desde Cero"

Un maestro que entrenó más de 30.000 vendedores descubrió que los que tienen más energía sexual son los más eficientes. La explicación es que la característica conocida como "magnetismo personal" no es más que alta energía sexual.

Al emplear vendedores, el Gerente siempre busca la persona que tiene más magnetismo personal, pues cree que los que no poseen energía sexual nunca serán entusiasmados ni inspirarán los otros con entusiasmo, y eso es lo más importante cuando vendes cualquier cosa.

Necesitas desarrollar esta característica para obtener tus objetivos, pues el magnetismo personal es lo que te va a ayudar a crear la Mente Maestra que, por consiguiente, te llevará hasta las otras conquistas.

Ejercicio

Haga una lista con todos los amores que tuvo en su vida. Habrá uno que se destaque como el más positivo.

"Piense Y Hágase Rico Creando Un Negocio Digital Desde Cero"

- *Enumere cinco emociones positivas que sacaste de esta experiencia.*
- *Ahora piense en todo que puede hacerte sentir así. Un viaje, una venta, el dinero que quieres tener por mes...*
- *Cuando tienes la lista, imprime las imágenes que representan estos deseos y colocalas donde puedes verlas todos los días.*
- *Con las imágenes puestas, escriba en un pedazo de papel lo que tienes que hacer para alcanzar estos deseos y cuánto tiempo llevará, pero pongas un tiempo real.*

Si quieres tener $1.000.000 en tu cuenta, sabes que es improbable de hacer esto en dos meses, entonces ponga el tiempo correctamente necesario.

Al terminar la lista, colócala bajo las imágenes. Así, tendrás un cuadro de visualización y siempre que lo miras, vas a saber lo que tienes que hacer.

La Cita: *"No hay otro camino hacia el genio si no la del esfuerzo voluntario."*

"Piense Y Hágase Rico Creando Un Negocio Digital Desde Cero"

- Napoleon Hill, Piense y Hágase Rico

Capítulo 12

La Mente Subconsciente

El Enlace de Conexión

El duodécimo paso hacia la riqueza

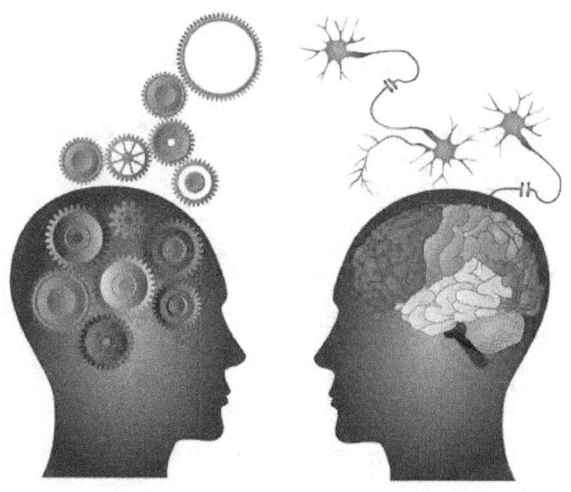

Como usar el poder del subconsciente

"Piense Y Hágase Rico Creando Un Negocio Digital Desde Cero"

La mente subconsciente consiste en un campo de la consciencia dónde cada impulso de pensamiento que llega a tu mente a través de cualquiera de tus cinco sentidos es clasificado y guardado, y de dónde otros pensamientos pueden ser recuperados o sacados como cartas de una baraja.

Ella trabaja día y noche. Con una forma aún desconocida al hombre, la mente subconsciente tiene el poder de transformar los deseos de uno en realidad.

Usted no puede controlar totalmente el subconsciente.

Todavía, puede manipularla al alimentarla con planos, deseos y propósitos que quieras tornar en algo concreto.

Todo que la humanidad crea comenzó con un pensamiento que se ha infiltrado en el subconsciente, dónde sirven como el magneto que atrae y convertirlo en su forma física.

"Piense Y Hágase Rico Creando Un Negocio Digital Desde Cero"

Necesitas comprender que el subconsciente trabaja voluntariamente, *no importa si haces algún esfuerzo para influenciar o no.*

Sin embargo, solamente los pensamientos "emocionalizados" tienen alguna influencia en el subconsciente.

Si es verdad que el subconsciente responde más rápido a las emociones, tú tienes que familiarizarte con las que son más importantes.

Los 14 tipos de emociones humanas

Hay siete tipos de emociones positivas y siete tipos de negativas. Las negativas entran en tu mente voluntariamente, sin esfuerzo alguno. Las positivas todavía, necesitan ser injertadas en tus pensamientos a través de la autosugestión.

Las siete emociones positivas y que, al concluir la lectura y práctica que este libro enseña, alcanzarás son:

- *El deseo,*

- *la fe,*
- *el amor,*
- *el sexo,*
- *el entusiasmo,*
- *el romance*
- *la esperanza.*

Las emociones negativas que no tendrás más al poner en práctica las enseñanzas de este libro son:

- *El miedo,*
- *el celo,*
- *el odio,*
- *la venganza,*
- *la ganancia,*
- *la superstición*
- *la rabia.*

Así como dos cuerpos no pueden ocupar el mismo espacio, *el positivo y el negativo no pueden ocupar la misma mente.* Uno o otro debe dominar. Debes garantizar que la fuerza positiva constituye la influencia en tu mente.

"Piense Y Hágase Rico Creando Un Negocio Digital Desde Cero"

Como potenciar las fuerzas positivas

Debe asegurarse de que las emociones positivas dominan sus pensamientos a través del hábito y la sugestión y solo así tendrás tus objetivos alcanzados.

Ejercicio

- *Escriba una afirmación personal de la persona que quiere ser y de lo que quiere tener.*
- *Comience su declaración con la frase "Estoy tan feliz y agradecido ahora que estoy ..."*
- *Escriba su afirmación en una pequeña tarjeta de metas. Llévalo contigo.*
- *Sáquelo y léalo con emoción poderosa y positiva tres veces por día: Cuando despiertas, después del almuerzo y antes de acostarse.*

La cita:

"Piense Y Hágase Rico Creando Un Negocio Digital Desde Cero"

"Nunca puedes saber lo que tus pensamientos van a hacer, te pueden traer odio o amor, pues los pensamientos son cosas y son atraídas sutilmente sobre las alas de palomas ligeras."

- Ella Wheeler Wilcox

Capítulo 13

El Cerebro

La Estación Emisora y Receptora de Pensamientos

"Piense Y Hágase Rico Creando Un Negocio Digital Desde Cero"

El treceavo paso hacia la riqueza

Alexander Graham Bell

La enseñanza de Graham Bell

Hace muchos años, trabajando en conjunto con el ya fallecido doctor Alexander Graham Bell y con el doctor Elmer R. Gates, Hill comprendió que nuestro cerebro es una máquina notable y funciona igual que una estación de transmisión y recepción de pensamientos.

"Piense Y Hágase Rico Creando Un Negocio Digital Desde Cero"

Con más de 14 millones de células nerviosas, el cerebro funciona como un factor que guía y controla nuestra vida cotidiana. También dice que los pensamientos son cosas y cuanto mayor es la vibración que recibe nuestro cerebro, mayores son las posibilidades de que podamos alcanzar nuestros objetivos.

Es por eso que el grupo de Mente Maestra es tan importante para lograr el éxito.

Tu mente es una estación de transmisión y recepción.

Cuando hablas con otros y te unes a ellos regularmente, sus pensamientos influyen en ti y pensarán como lo hacen. Esto es lo que a menudo se llama "igual atrae a igual", al igual que el concepto de "Yin y Yang" también.

Además, las vibraciones en tu cerebro se pueden aumentar a través de las emociones.

Cuando las personas se sienten emocionalmente atraídas por lo que desean en la vida, tienden a trabajar más incansablemente y parecen tener la energía necesaria para superar la difícil situación y producir el éxito con mayor facilidad.

En este contexto, volvemos a hablar de las siete emociones positivas y las siete emociones negativas. Si canalizas los malos pensamientos y emociones, es eso lo que tendrás en tu vida.

Todavía, al tener en mente las emociones positivas, tus acciones te guiarán hasta tu deseo.

Entendiendo los procesos de la estación de pensamientos

El cerebro como estación de transmisión y recepción de pensamientos.

El cerebro humano es una estación de transmisión y recepción de la vibración de los pensamientos. Cuando se estimula, el cerebro se vuelve mucho más receptivo a las vibraciones del pensamiento. Este proceso de estimulación comienza con el deseo y la emoción.

"Piense Y Hágase Rico Creando Un Negocio Digital Desde Cero"

A través de sentimientos fuertes, las vibraciones del pensamiento pueden aumentar.

Cuando se trata de intensidad, la energía sexual está en la parte superior de la lista de emociones humanas. El cerebro que ha sido estimulado por el deseo sexual vibra a un ritmo mucho más alto que cuando no hay deseo sexual.

Puede hacer tres cosas para operar su estación de transmisión mental:

- Usar la imaginación creativa,
- Usar la sugestión
- Usar el subconsciente.

El subconsciente actúa como receptor, mientras que la imaginación y el proceso de auto-sugerencia sirven como transmisor.

Los métodos para aplicar estos tres principios ya se han discutido: el proceso comienza con el deseo.

"Piense Y Hágase Rico Creando Un Negocio Digital Desde Cero"

Napoleon Hill llama al cerebro Tu estación de transmisión y recepción. Usted controla este transmisor y receptor aplicando estos principios.

Ejercicio

- *Fije en su mente el pensamiento preciso que desea imprimir en la mente de los demás. ¿Qué resultado quieres generar?*
- *Mantenga su mente en lo que quiere.*

- *Entra en armonía vibracional con las personas que deseas que te ayuden a crear lo que piensas.*
- *Mírate en posesión de lo que deseas.*
- *Ten fe completa, esa será la conclusión que se producirá.*

La cita:

"Todos somos controlados por fuerzas invisibles e intangibles"

- Napoleon Hill, Piense y Hágase Rico

Capítulo 14
El Sexto Sentido
La Puerta del Templo de La Sabiduría
El décimo cuarto paso hacia la riqueza

Thomas Edison y Napoleon Hill

Como potenciar la comunicación con la mente infinita

"Piense Y Hágase Rico Creando Un Negocio Digital Desde Cero"

Puedes llamarlo por muchos nombres: imaginación, inspiración, intuición o presentimiento.

Este es el principio por lo cual la Inteligencia Infinita puede comunicarse con un individuo sin ningún esfuerzo ni exigencia de este.

Sin embargo, el Sexto Sentido desafía toda la descripción.

Para comprenderlo, necesitas dominar la experiencia y el conocimiento que la práctica de estos pasos proporciona.

El Sexto Sentido acude en su ayuda en los momentos de peligro, como al firmar un contrato, tomar una decisión o hasta no salir de casa cuando sientes que algo malo pasará.
Contrario a lo que muchos piensan, la Naturaleza no permite "milagros".

"Piense Y Hágase Rico Creando Un Negocio Digital Desde Cero"

Lo que pasa es que sus leyes son tan incomprensibles que, por no saber cómo decirlo, llamamos milagros.

Todavía, para mí el Sexto Sentido es la experiencia más cerca de un milagro que el ser humano puede tener.

No obstante, necesitas creer que hay algo, una Inteligencia Infinita que gobierna la materia, haciendo los átomos puedan transformarse en un árbol, el día seguir la noche y el invierno seguir el verano.

Esta Inteligencia, cuando se junta con los principios de este libro, puede ser inducida a ayudar y concretar deseos.

Cuando joven, Napoleon Hill tenía el hábito de modelar su propia personalidad intentando imitar

"Piense Y Hágase Rico Creando Un Negocio Digital Desde Cero"

los nueve hombres cuyas vidas y obras tuvieron el mayor impacto en él.

Todas las noches por un largo período de años, él sostenía una conferencia con este grupo que él denominaba "Los Consejeros Invisibles".

Antes de acostarse, él cerraba sus ojos y veía el grupo de hombres sentados a su alrededor, dónde Napoleón no sólo estaba entre los grandes, como era su líder.

Estos hombres no eran otros que *Emerson, Paine, Edison, Darwin, Lincoln, Burbank, Napoleon, Ford y Carnegie.*

Hill era un hombre pobre que nació en la ignorancia, pero cuando optó por rodearse mentalmente por las
mentes más ingeniosas del mundo, él adquirió la mayor dádiva que los seres humanos pueden tener:

"Piense Y Hágase Rico Creando Un Negocio Digital Desde Cero"

Dominar sus pensamientos y deseos.

Con sus pensamientos y deseos dominados, él logró la persistencia, la fe y la energía necesaria para que su Sexto Sentido convirtiera sus deseos en realidad.

Cuando muchos crearían excusas para continuar en la pobreza, Napoleón creó un camino para salir de ella.

Debes comprender que tu situación actual no es excusa para no lograr lo que quieres, y sí para hacer todo lo posible para llevar a tus objetivos.

Encontrando personas que te inspiren

Así como Napoleon Hill, necesitas buscar personas que te inspiran, si no en tu vida, en los libros de Historia. Esta práctica es importante porque nadie puede conquistar sus objetivos solo.

"Piense Y Hágase Rico Creando Un Negocio Digital Desde Cero"

Napoleón Bonaparte tenía como ejemplo Júlio César, ya César tenía como ejemplo Alejandro Magno, que tenía como ejemplo Achilles.

Esta práctica es la mejor manera de llegar a su sexto sentido, ya que alimenta a su subconsciente con las características particulares que desea emular.

El principio del sexto sentido es la cúspide de la filosofía Piense y hagase rico.

Con él entras en comunicación con la fuerza que da origen a todo en todo el universo. Se activa por la facultad de imaginación creativa dentro de su mente subconsciente.

Ejercicio

El ejercicio de este capítulo tiene dos partes igualmente esenciales para que logres tu tan deseado éxito.

La primera parte es:

"Piense Y Hágase Rico Creando Un Negocio Digital Desde Cero"

- *Haga una lista con los nueve hombres/mujeres que te inspiran y sus cualidades que admiras y te gustaría tener.*
- *Antes de acostarse, cierra tus ojos e imagínate en una conferencia con todos ellos, dónde pides que te pasen estas características.*

En pocos meses, vas a comenzar a caminar, pensar y hablar como ellos.

La segunda parte del ejercicio es:

- Desarrolle el hábito de invertir tiempo todos los días estudiando Piense y Hágase Rico.
- Lea el libro repetidamente hasta que pueda describir de memoria los 13 principios descritos en el libro.
- Aplique los ejercicios descritos por Napoleón Hill en tu rutina.

La cita:

"Piense Y Hágase Rico Creando Un Negocio Digital Desde Cero"

"Casi todos los líderes como Napoleón, Bismarck, Joana D'Arc, Cristo, Buddha, Confucio y Mohammed comprendieron y probablemente usaron el Sexto Sentido casi continuamente."

- Napoleon Hill, Piense y Hágase Rico

Capítulo 15

Cómo Superar Los Seis Fantasmas Del Miedo

"Piense Y Hágase Rico Creando Un Negocio Digital Desde Cero"

Analícese a sí Mismo En Cuanto Lea Este Capítulo Final y Descubra Cuántos "Fantasmas" Están en su Camino

El décimo quinto paso hacia la riqueza

Los Miedos

El primer paso para adoptar una nueva filosofía Antes de poner cualquiera parte de esta filosofía en práctica, necesitas estar listo para recibirla. La preparación no es difícil. Comienza con estudio, análisis y comprensión de los tres enemigos que tendrás que eliminar: la INDECISIÓN, la DUDA y el MIEDO.

Para tu Sexto Sentido trabajar, necesitas limpiar tu mente de las emociones negativas. Los miembros de esta Trinidad Maléfica son parientes muy próximos. Dónde uno está, los otros dos aparecen.

La indecisión lleva a la duda, y la duda es la clave del miedo. Los tres son rápidos y silenciosos, y crecen sin que notemos su presencia.

Estos enemigos son los responsables por llevar miles de gente a la pobreza y la miseria.

No obstante, antes derrotar un enemigo, tienes su nombre, sus hábitos y dónde viven. Para eso, necesitas analizarte completamente a ti mismo y tus sentimientos.

"Piense Y Hágase Rico Creando Un Negocio Digital Desde Cero"

La base de los tres enemigos son seis miedos que hablamos en el título, que son:

- *El miedo de la pobreza*
- *El miedo del criticismo*
- *El miedo de la mala salud*
- *El miedo de la pérdida del amor de alguien*
- *El miedo de la edad avanzada*
- *El miedo de la muerte*

El mundo siempre tiene miedo de algo.

Ahora, en el 2020 con la pandemia del Covid-19, tenemos el miedo de la muerte. Cuando la pandemia acabe y sus efectos económicos se manifiesten, tendremos el miedo de la pobreza. Si llegamos al estado de pobreza que no nos permite atender nuestras necesidades básicas, tendremos miedo de la mala salud.

"Piense Y Hágase Rico Creando Un Negocio Digital Desde Cero"

El miedo trabaja en ciclos, pero tu no puedes ser afectado por él. El miedo no te deja vencer, y tú quieres ser un vencedor.

Los doctores trabajan con las peores enfermedades, como la diarrea, la tuberculosis y la meningitis. No temen la enfermedad, y por eso son menos predispuestos a quedarse enfermos.

Necesitas tener en mente que *los pensamientos son cosas.*

Todas las creaciones del hombre empezaron con un pensamiento que, de tan fuerte, se transformó en algo físico.

Michelangelo creía que David ya estaba en la roca, y que solo necesitaba sacarlo de allá. Steve Jobs siempre creyó que era una persona especial destinada a hechos especiales, y entonces creó Apple.

Las creencias trabajan tanto para el bien como para el mal.

Si crees que no puedes obtener tus objetivos, muy difícilmente vas a alcanzarlos. Ahora, si crees que tienes la capacidad de ir adónde quieres, ciertamente lo lograrás.

MIEDO DE LA POBREZA

El miedo de la pobreza es nada más que un estado mental. Sin embargo, es suficiente para destruir las probabilidades que uno tiene de lograr sus riquezas deseadas.

Este es el peor miedo que hay, porque es el más difícil de ser conquistado. Es el miedo que nos impide de tomar las decisiones que cambiarán nuestras vidas.

"Piense Y Hágase Rico Creando Un Negocio Digital Desde Cero"

Es el miedo que destruye amistades, que matan amores, que deja las personas sin dormir, que las lleva a la miseria e infelicidad.

Los seres humanos harán cualquiera cosa que necesiten para no quedarse pobres.

Cuando te examinas a ti mismo, hágase preguntas definidas y demande respuestas definidas. Al terminar sabrás más de ti mismo y lo que temes.

Para saber si tienes estos miedos, observe las siguientes características:

- *Falta de ambición*
- *Indecisión*
- *Dudas*
- *Preocupaciones*
- *Negatividad*
- *Procrastinación*

"Piense Y Hágase Rico Creando Un Negocio Digital Desde Cero"

EL MIEDO DEL CRITICISMO

Este miedo tiene muchas formas. La mayoría patética y trivial. Las personas hacen o no hacen algo porque los otros están o no haciendo.

Los hijos tienen miedo de empezar su canal en YouTube porque creen que a sus padres no les gustaría.

La mujer tiene miedo de divertirse por la noche por tener miedo de lo que su familia vaya a decir.

El hombre quiere ser maestro de Historia, pero empezó la Universidad de Medicina por miedo de lo que la sociedad vaya a pensar.

El miedo de la crítica priva el ser humano de su iniciativa, destruye su capacidad de imaginación, limita su individualidad, acaba con su autoconfianza y lo perjudica de todas las maneras.

"Piense Y Hágase Rico Creando Un Negocio Digital Desde Cero"

¿Crees que Gary Vee no tuvo muchas críticas cuando decidió empezar en YouTube, especialmente de su familia? Él sabía muy bien los objetivos que tenía y lo que necesitaba hacer para alcanzarlos.

Las características del miedo del criticismo son:

- *La autoconsciencia*
- *La falta de postura*
- *La falta de personalidad*
- *El complejo de inferioridad*
- *La extravagancia*
- *La falta de iniciativa*
- *La falta de ambición*

EL MIEDO DE LA MALA SALUD

Hay evidencias de que las enfermedades a veces empiezan como un pensamiento negativo que puede ser enviado de una mente hasta la otra por sugestión, o criada en tu propia mente.

Cuando piensas por mucho tiempo que estarás enfermo, creas esta enfermedad en tu cuerpo. Así también pasa cuando tienes sentimientos de rabia y odio en tu corazón.

Una buena manera de cambiar tus pensamientos es cambiar tu hogar. Cambia los muebles, cambia las personas que te hacen sufrir, cambia tus libros….

Con estos cambios, tu mente empezará a tener pensamientos positivos y el miedo de la mala salud se distanciara.

Las características del miedo de la mala salud son:

- La autosugestión de que uno está enfermo
- La hipocondría
- La falta de ejercicios

- La susceptibilidad a enfermedades
- La autopiedad
- Los vícios

EL MIEDO DE LA PÉRDIDA DEL AMOR

Las mujeres son más propensas a este miedo que los hombres, y el motivo es obvio:

Ellas aprendieron, por experiencia, que los hombres son polígamos por naturaleza y que no son confiables frente a una rival.

Todavía, los hombres también pueden ser acometidos por este sentimiento que, si no es aniquilado nos lleva a la locura.

El miedo de la pérdida del amor se presenta como:

- *El celo*
- *La culpa*

- *La compensación en dinero*

EL MIEDO DE LA EDAD AVANZADA

Hay algunos motivos por lo cual el miedo de la vejez crece en las personas.

Uno es la posibilidad de quedarse enfermo, algo más común cuando nosotros envejecemos. El erotismo también es un miedo, pues nadie quiere pensar en la reducción de la atracción sexual.

El tercer miedo es la pérdida de la independencia, ya que muchas veces la vejez es asociada con la pobreza y la limitación de movimientos físicos.

Los indicativos del miedo de la vejez son:

- *Usar la edad como causa para no hacer algo*
- *Vestirse y tener los hábitos de los más jóvenes, no aceptando su edad.*

"Piense Y Hágase Rico Creando Un Negocio Digital Desde Cero"

- *La creencia de que tu memoria es mala porque "estas quedandote viejo"*

EL MIEDO DE LA MUERTE

Nadie sabe y nunca sabrá lo que hay después de la muerte, si hay algo. La ausencia de este conocimiento es lo que abre la mente humana para el charlatanismo,
puesto que por toda la humanidad hubo personajes que ofrecerán la "respuesta" si tú les dieras dinero.

Sin embargo, con el avance de la biología, la astronomía, la geología y otras ciencias, este miedo ya no domina la mente de tantos hombres y mujeres como hace doscientos años, especialmente la de los jóvenes.

Este miedo es inútil.

"Piense Y Hágase Rico Creando Un Negocio Digital Desde Cero"

La muerte vendrá, no importa lo que piensas. acéptala como una necesidad y después olvídala. Si ella acontece para todos, es una necesidad.

Los atributos del miedo de la muerte son:

- Pensar en la muerte
- Olvidarse de planificar la vida

LA PREOCUPACIÓN

La preocupación es un estado de mente causado por la indecisión. Cuando tienes todo planeado, no te preocupas, mismo cuando algo no pasa como gustarías, porque ya tendrás el Plano B en acción.

Este miedo es el resultado de los otros cinco miedos. Líbrate de ellos, y no tendrás preocupación.

Un hombre cuya mente está llena de miedos destruye las chances de acciones inteligentes.

"Piense Y Hágase Rico Creando Un Negocio Digital Desde Cero"

Aprendiendo a dominar los miedos

Debes dominar los seis temores para hacerte rico. El miedo perjudica su juicio, impide su imaginación, debilita su entusiasmo, desalienta sus iniciativas, mata su autoconfianza, genera incertidumbres de propósito, fomenta la dilación y evita el autocontrol.

Finalmente, el miedo no es más que un estado mental, y dado que usted tiene control sobre su estado mental, siempre es posible ejercer su voluntad y desterrar el miedo, la ansiedad, la preocupación, la negatividad y todo lo que justifique el fracaso o la falta de actitud

Ejercicio

- *Identifica tus miedos: ¿cuáles son? ¿Cuántos tiene?*
- *Haga una lista con ellos, incluye el motivo de tenerlos.*
- *Para cada miedo, escriba algo que pasará en tu vida si no los eliminas.*
- *Lleva la lista siempre con usted y lea cuando tenga miedo.*

Este ejercicio te ayudará a tener control sobre tus miedos y no ser impedido por ellos de lograr tu éxito.

La cita: *"El hombre valiente no es el que no siente miedo, sino aquel que conquista el miedo."*
- Nelson Mandela

Capítulo 16
El Taller Del Diablo
El Séptimo Mal

"Piense Y Hágase Rico Creando Un Negocio Digital Desde Cero"

El décimo sexto paso hacia la riqueza

El enemigo número uno del éxito y la riqueza

Hay otro factor importante que puede evitar que consigas lo que quieres y te hagas rico.

Este mal es aún más fuerte y peligroso que los seis miedos anteriores que vimos en el último capítulo.

"Piense Y Hágase Rico Creando Un Negocio Digital Desde Cero"

Este mal es la susceptibilidad a las influencias negativas.

Los hombres más ricos saben cómo protegerse de las malas influencias y los pensamientos peligrosos.

Para deshacerse de este peligroso mal, primero tienes que comprender que los seres humanos son flojos e indiferentes por naturaleza.

Las personas se ven fácilmente influenciadas por la negatividad que las rodea y los pensamientos destructivos arruinarán su futuro si no son conscientes de ello.

Una vez que haya entendido esto, puede establecer hábitos y búnkeres protectores para evitar ser influenciado y atacado por la negatividad que lo rodea.

Por ejemplo, si descubre que las personas negativas que le rodean lo influencian fácilmente, puede construir un "muro" para bloquear su mente contra tales influencias o, mejor aún, mantenerse alejado de las personas negativas.

Por el contrario, crea tu propio grupo de autores intelectuales y siempre rodéate de personas que te inspiran y elevan. Llevarse bien con personas que tienen la capacidad de apoyar sus sueños y ejercer una influencia positiva en usted.

El éxito es posible y cualquiera puede lograr lo que desea, siempre y cuando aprenda a superar sus miedos y hacer un buen uso de su mente.

"Piense Y Hágase Rico Creando Un Negocio Digital Desde Cero"

Cómo descubrir si eres víctima de la negatividad y deshacerse de ella

Hay 66 preguntas que tienes que responder para saber si sufres la influencia de la negatividad. Contéstalas con honestidad y con respuestas definidas.

Con estas preguntas contestadas, sabrás cuáles son tus puntos débiles que necesitas mejorar:

1 - ¿Suele quejarse de "sentirse mal"? En tal caso, ¿cuál es la causa?

2 - ¿Encuentra defectos en las otras personas a la menor provocación?

3 - ¿Comete con frecuencia errores en su trabajo? ¿por qué?

4 - ¿Se muestra usted sarcástico y ofensivo en su conversación?

5 - ¿Evita deliberadamente la asociación con cualquier persona? Y, si lo hace, ¿cuál es la causa?

"Piense Y Hágase Rico Creando Un Negocio Digital Desde Cero"

6 - ¿Sufre con frecuencia de indigestión? En tal caso, ¿cuál es la causa?

7 - ¿Le parece que su vida es inútil y que no tiene esperanza de futuro?

8 - ¿Le gusta el trabajo que hace? Si no es así, ¿por qué?

9 - ¿Suele compadecerse de sí mismo? En tal caso, ¿por qué?

10 - ¿Siente envidia de aquellos que sobresalen por encima de usted?

11 - ¿A qué dedica la mayor parte de su tiempo, a pensar en el éxito, o a pensar en el fracaso?

12 - A medida que los años transcurren, ¿aumenta la confianza en sí mismo o la pierde?

13 - ¿Aprende algo valioso de los errores que comete?

14 - ¿Permite que algún pariente o conocido le preocupe? En tal caso, ¿por qué?

15 - ¿Se encuentra a veces "en las nubes", y en otras ocasiones en las profundidades del abatimiento?

"Piense Y Hágase Rico Creando Un Negocio Digital Desde Cero"

16 - ¿Quién tiene la influencia más inspiradora sobre usted? ¿Cuál es la causa?

17 - ¿Tolera las influencias negativas o descorazonadoras que podría evitar?

18 - ¿Es descuidado con su aspecto personal? En tal caso, ¿cuándo y por qué?

19 - ¿Ha aprendido a "ahogar sus problemas" estando demasiado ocupado como para que éstos le perturben?

20 - ¿Se consideraría a sí mismo un "débil falto de voluntad" si permitiera que los demás pensasen por usted?

21 - ¿Descuida la limpieza interna de sí mismo, hasta que la autointoxicación le convierte en una persona de mal carácter e irritable?

22 - ¿Cuántas perturbaciones previsibles le molestan, y por qué las tolera?

23 - ¿Recurre al licor, a los narcóticos o a los cigarrillos para "tranquilizar sus nervios"?

24 - En tal caso, ¿por qué no intenta utilizar la fuerza de voluntad en su lugar?

"Piense Y Hágase Rico Creando Un Negocio Digital Desde Cero"

25 - ¿Hay alguien que le fastidie? En tal caso, ¿por qué razón?

26 - ¿Tiene un gran propósito definido? ¿Cuál es y qué planes tiene para alcanzarlo?

27 - ¿Sufre usted alguno de los seis temores básicos? En tal caso, ¿cuál o cuáles?

28 - ¿Dispone de un método para protegerse contra la influencia negativa de los demás?

29 - ¿Hace uso deliberado de la autosugestión para conseguir que su mente sea positiva?

30 - ¿Qué es lo que valora más, sus posesiones materiales, o el privilegio de controlar sus propios pensamientos?

31 - ¿Se ve influido con facilidad por los demás, aun en contra de su propio juicio?

32 - ¿Ha añadido el día de hoy algo de valor a su reserva de conocimientos o a su estado mental?

33 - ¿Afronta directamente las circunstancias que le hacen desgraciado, o evita la responsabilidad?

34 - ¿Analiza todos los errores y los fracasos y trata de aprovecharlos, o quizás adopta la actitud del que piensa que eso no es responsabilidad suya?

35 - ¿Puede citar tres de sus debilidades más nocivas? ¿Qué hace para corregirlas?

36 - ¿Anima a otras personas a que le expongan sus preocupaciones por simpatía?

37 - Durante sus experiencias cotidianas, ¿elige lecciones o influencias capaces de ayudarle en su progreso personal?

38 - Por regla general, ¿tiene su presencia una influencia negativa sobre los demás?

39 - ¿Qué hábitos de las demás personas son los que más le molestan?

40 - ¿Se forma sus propias opiniones o se deja influir por otras personas?

41 - ¿Ha aprendido a crear un estado mental con el que protegerse contra todas las influencias descorazonadoras?

42 - La ocupación a la que se dedica, ¿le inspira fe y esperanza?

"Piense Y Hágase Rico Creando Un Negocio Digital Desde Cero"

43 - ¿Es usted consciente de tener fuerzas espirituales de un poder suficiente como para permitirle mantener la mente libre de toda forma de temor?

44 - ¿Le ayuda su religión a mantener una mentalidad positiva?

45 - ¿Cree que es su deber compartir las preocupaciones de los demás? En tal caso, ¿por qué?

46 - Si usted cree que "los pájaros de un mismo género vuelan juntos", ¿qué ha aprendido de sí mismo mediante el estudio de aquellos amigos a los que atrae?

47 - ¿Qué conexión, si hay alguna, ve usted entre la gente con la que se asocia más estrechamente y cualquier infelicidad que pueda experimentar?

48 - ¿Sería posible que alguna persona a la que considera su mejor amigo sea, en realidad, su peor enemigo, debido a la influencia negativa que ejerce sobre la mente de usted?

49 - ¿Según qué reglas juzga quién es valioso para usted y quién es nocivo?

50 - Sus asociados íntimos, ¿son mentalmente superiores a usted o inferiores?

51 - ¿Cuánto tiempo de cada 24 horas dedica usted a:

a) su ocupación

b) dormir

c) jugar y relajarse

d) adquirir conocimientos útiles

e) desaprovechar el tiempo?

52 - Entre sus conocidos, ¿quién de ellos

a) le estimula más

b) le previene más

c) le desanima más?

53 - ¿Cuál es su mayor preocupación? ¿Por qué la tolera?

54 - Cuando otros le ofrecen un consejo no solicitado, ¿lo acepta sin cuestionarlo, o analiza sus motivaciones?

"Piense Y Hágase Rico Creando Un Negocio Digital Desde Cero"

55 - ¿Qué es lo que más desea, por encima de todo lo demás?

56 - ¿Tiene intención de conseguirlo?

57 - ¿Está dispuesto a subordinar el resto de sus deseos a ése?

58 - ¿Cuánto tiempo dedica al día a conseguirlo?

59 - ¿Cambia de opinión con frecuencia? En tal caso, ¿por qué?

60 - ¿Suele terminar todo aquello que empieza?

61 - ¿Se siente fácilmente impresionado por los negocios o por los títulos personales, grados académicos o riqueza de otras personas?

62 - ¿Se siente influido fácilmente por lo que otras personas piensan o dicen de usted?

63 - ¿Valora a las personas por su estatus social o financiero?

64 - ¿Quién cree que es la persona más grande que vive en la actualidad?

65 - ¿En qué aspecto considera que esa persona es superior a usted?

66 - ¿Cuánto tiempo ha dedicado a estudiar y contestar a todas estas preguntas?

Si ha contestado a todas estas preguntas con sinceridad, sabe más acerca de sí mismo que la mayoría de las personas.

Estudie las preguntas con sumo cuidado, vuelva a revisarlas una vez a la semana durante varios meses, y asómbrate ante la cantidad de conocimiento adicional de gran valor que habrá adquirido sobre sí mismo por el simple método de contestar con honradez a estas preguntas.

Últimas Palabras Importantes...

¡Felicitaciones por llegar hasta aquí!

Si usted está leyendo estas líneas, es porque ya tienes en tus manos las herramientas más importantes que asegurarán que nada te detendrá en tu misión de crear un negocio online rentable y duradero.

"Piense Y Hágase Rico Creando Un Negocio Digital Desde Cero"

La finalización de esta lectura significa que usted tiene el perfecto alineamiento mental para superar todos los obstáculos internos y externos que surjan en el futuro y llegar hasta dónde quiera.

Sin embargo, sé por experiencia propia que al juntar las tapas de este libro y concluir esta jornada, te encontrarás ante tres decisiones cruciales que necesitarás responder o lo que habrás aprendido hasta ahora no te servirá para nada.

Esas tres preguntas son:

¿Qué negocio es mejor para comenzar? ¿Cuándo es el mejor momento para comenzar? y la más importante de todas *¿Cuál es la mejor forma de comenzar?*

Responder estas tres preguntas te alejará de la lista de los emprendedores que tienen un sueño y te acercará a aquellos que de hecho tienen un negocio.

Encontrar estas respuestas es para muchos autónomos y emprendedores todavía hoy, un reto extremadamente difícil.

Es por eso que con el propósito de hacer este camino más fácil para usted y eliminar estas tres

"Piense Y Hágase Rico Creando Un Negocio Digital Desde Cero"

barreras que he adicionado en este libro un par de capítulos secretos, clandestinos y especiales, donde te mostraré el método más simple, rápido y lucrativo de convertir tu talentos en dinero en tu cuenta bancaria y lograr el éxito incluso en tiempos de pandemia y crisis económica global.

¿Te interesa? Entonces vamos allá...

Capítulo Secreto 1 Y Clandestino Revela:

La Forma Más Simple, Rápida y Rentable de... "Convertir Talento En Dinero En El Banco"

El arte de comenzar un negocio online desde absoluto cero incluso en tiempos de Pandemia Y Crisis Global

Estimado lector:

"Piense Y Hágase Rico Creando Un Negocio Digital Desde Cero"

El día 27 de julio de 1890, a los 37 años de edad el artista plástico Vincent Van Gogh fue hallado sin vida cerca de su casa...

¿El motivo?

Suicidio

Verás... Vincent era un virtuoso del pincel, un artista genial y sin duda uno de los artistas plásticos icónicos del siglo pasado reconocido mundialmente por su estilo singular y único

Sin embargo, el aclamado pintor estaba lleno de deudas y significaba para su hermano Theo una carga económica que pesaba cada día más.

Durante años al analizar la trágica vida del artista me preguntaba...

¿Como puede ser una persona tan genial y sin embargo tan pobre?

¿Como puede ser una persona tan talentosa y sin embargo tan precaria?

Hoy sé la respuesta, sucede que...

"Piense Y Hágase Rico Creando Un Negocio Digital Desde Cero"

"Talento No Es Igual A Dinero"

Para algunas personas esta afirmación puede ser obvia para algunas otras no tanto más si de algo estoy 100% seguro es que la mayoría de los emprendedores no tiene idea de cómo convertir sus habilidades en dinero en el banco y es exactamente eso lo que estás a punto de descubrir.

-Vicent Van Gogh

Transforma Tu Experiencia En...
UN NEGOCIO RENTABLE Y SOSTENIBLE
TU MARCA PERSONAL O EMPRESARIAL
EN FORMATO ONLINE

"Piense Y Hágase Rico Creando Un Negocio Digital Desde Cero"

¿Cómo comenzar un negocio digital en un mercado donde no haya nadie pero que tenga mucha demanda?

¿Cómo aprender a transformar tu talento natural en dinero en tu cuenta bancaria?

¿Cómo librarte de la confusión de no saber el camino más rápido, fácil, previsible y rentable de comenzar un negocio online?

Estas son sin lugar a duda preguntas importantes que necesitas responder en estos momentos

Sin Embargo: La única pregunta que deberías preocuparte realmente e ahora y que te conducirá al éxito online definitivo es:

"Piense Y Hágase Rico Creando Un Negocio Digital Desde Cero"

¿Si no tuvieras que preocuparte por ganarte la vida o por lo que los demás piensen de ti, qué te gustaría estar haciendo?

¡Esto es crucial así que asegúrate de prestar especial atención!

Es esta la pregunta qué hace Ken Robinson en el libro "El Elemento", y que seguramente dejará tu mente reflexionando por varios días, de su respuesta depende tu entrada triunfante en el mundo digital.

La pregunta sacude y te lleva a fantasear con lo que hay fuera de tu zona de confort. "Eso" que te energiza, que te anima, que te mueve como un motor, en lo que se te pasan las horas y no te das cuenta; eso es tu talento, tu intelecto, tu don, tu elemento.

Pero ese talento debe ir unido a un ingrediente:

"Piense Y Hágase Rico Creando Un Negocio Digital Desde Cero"

-Te tiene que gustar!

No hay otra forma y es aquí donde la mayoría de los emprendedores son alcanzados por el fracaso y la desilusión.

Pues veras...una habilidad aislada de una sensación de bienestar pierde todo sentido.

Las personas desde que nacen se les enseña lo que deben aprender, es decir, no cuentan con libertad para definir su aprendizaje, "se convierten en individuos que no conectan con sus verdaderos talentos naturales, y por consiguiente no son conscientes de lo que en realidad son capaces de hacer"

¡No seas tu ese tipo de persona!

"Piense Y Hágase Rico Creando Un Negocio Digital Desde Cero"

Es por este modelo de aprendizaje impuesto que muchas personas no saben, en este momento, qué harán en la vida y mucho menos saben por dónde

empezar, porque fueron enseñados a ser dependientes.

Aprender a conocer tu talento, en este escenario de transformación digital, resulta fundamental. Todos tenemos un talento, o varios. No es poca cosa, pero no lo dudes.

Tu talento, tu habilidad o tu experiencia al servicio de otros, te convertirá en algo que he denominado:

Talenter!

"Piense Y Hágase Rico Creando Un Negocio Digital Desde Cero"

Un Talenter es una nueva clase de influencer, una nueva visión y profesión en la que no hay nadie pero que ya tiene mucha demanda.

Nuestra comunidad Talent, nació justo de eso que nos caracteriza y apasiona, el mejor ingrediente para

minimizar el margen de error de un emprendimiento.

Quizá toque mezclar tu elemento con otro negocio que te dé el flujo de caja hasta que tu elemento agarre vuelo, pero nunca lo olvides, nunca lo dejes de lado, porque además de darte felicidad puede darte mucho dinero.

¿Cómo comenzar a transformar tu talento en un negocio digital?

"Piense Y Hágase Rico Creando Un Negocio Digital Desde Cero"

Tu punto de partida es iniciar tu nueva profesión con un modelo de negocio inteligente en el que automatizas tus ingresos mientras aprendes.

Apostar a él con un infoproducto, por ejemplo, o promocionando productos de otros que se parezcan a ti para entrenarte en el mundo digital.

Y existen muchas estrategias para hacer sostenible los negocios digitales. Estrategias efectivas y totalmente planificadas para encontrar, persuadir y trabajar con el sistema de afiliación dentro de un proyecto o negocio online, como modelo de monetización.

Puedes generar ingresos de manera constante y en forma de comisiones ofreciendo algo que ayude a tu audiencia, a tu comunidad de influencia o a las personas en general, a las que puedas llegar a través de otros medios como publicidad.

"Piense Y Hágase Rico Creando Un Negocio Digital Desde Cero"

No obstante para lograr esto necesitas formarte y generar nuevas destrezas digitales, de la mano de profesionales que puedan facilitarte un modelo probado, con resultados y en constante actualización.

Y es precisamente eso lo que aprenderás en la serie de videos gratuita que he preparado donde descubrirás entre otras cosas...

1. Cuáles son las nuevas profesiones del mundo digital y cómo tú puedes entrar y participar en ellas y conocer cuáles son esas áreas de negocios.
2. Como participar en cada una ellas y crear un negocio digital de absoluto cero y tener una vida diferente participando de estos nuevos

modelos de negocios que han nacido en internet.

3. Descubrirás cómo hacer para convertirte en un talenter de forma detallada y profunda.

Y de esta manera este libro llega a su final espero lo hayas disfrutado tanto como yo, té confieso que he tenido una magnífica experiencia escribiéndolo.

Ahora es tu turno de dar el próximo paso y sacarle provecho a tu elemento a tu don natural para crear tu primer negocio digital.

Te deseo mucha suerte de corazón, Dios te bendiga, hasta la próxima.

¡Sácale provecho a tu talento! Te esperamos en nuestra comunidad.

"Piense Y Hágase Rico Creando Un Negocio Digital Desde Cero"

Si quieres mas información solo ingresa aquí:

https://alfonsolafuente.blog/mb3d

Alfonso Lafuente.

Y por llegar hasta aquí te entrego un bono especial

¡Sigue leyendo!

"Piense Y Hágase Rico Creando Un Negocio Digital Desde Cero"

"El Secreto Para Una Autosugestión Acelerada"
Cómo utilizar psicología avanzada para encontrar el camino más corto hasta tus metas

15 años es demasiado tiempo…

Y sin embargo fue ese periodo que demoró Edwin C Barnes para dejar de trabajar como asistente, dejar de preocuparse con dinero, entrar en la lista de los hombres más ricos del siglo XX y transformar su sueño de convertirse en socio de Thomas Edison en realidad.

¿Más… Será que es necesario realmente esperar todo ese tiempo para materializar esos deseos que gritan desesperados por salir del fondo de tu mente? ¿Será cierto que el deseo ardiente y la decisión fuerte por alcanzarlo conducen al ser humano por el camino más corto, rápido y simple hasta el éxito?

"Piense Y Hágase Rico Creando Un Negocio Digital Desde Cero"

¡Qué tal si yo te dijera que no! ¡Y no solo te dijera, sino que te demostrara y mostrará el paso a paso para reducir ese tiempo literalmente por la mitad!

Existe una historia inspiradora que ilustra esto de mejor manera...

Hace más de 20 años en los Estados Unidos existía un pequeño niño que soñaba con ser una estrella de cine...

Sin embargo, debido a su extraña apariencia física, sus bíceps distorsionados y su mandíbula jorobada a cada lugar que iba presentando sus servicios como actor recibía críticas del tipo...

-Usted luce extraño.
-Usted habla demasiado raro
-Usted nunca será una estrella de Hollywood!

"Piense Y Hágase Rico Creando Un Negocio Digital Desde Cero"

Durante años el joven actor había estado vagando estudio tras estudio procurando que alguien le diera una oportunidad de demostrar su talento como actor al mundo. Durante años no dependió de más nada que no fuese su deseo de conquistar su sueño.

Fue cuando el joven actor decidió asistir a una pelea de boxeo de Muhammad Ali, que su realidad cambió para siempre. Esa noche el joven actor entró en un estado de meditación extrema mientras observaba a un Muhammad Ali casi derrotado vencer a su adversario después de más de una hora de combate en el ring.

Fue en ese momento que su mente creativa se mezcló su experiencia presente con su deseo y frustraciones pasadas y recreó para el joven un nuevo camino una nueva oportunidad hasta entonces oculta en las profundidades de su mente, esperando a ser revelada.

"Piense Y Hágase Rico Creando Un Negocio Digital Desde Cero"

¡Esa noche el joven decidió que si nadie quería dejarlo actuar en alguna película él iba a escribir la suya propia!

Eureka, La magia aconteció!

Durante tres días el joven actor se encerró en un pobre apartamento sin calefacción de Nueva York a escribir la película de sus sueños.

8 años después el actor fue nominado para dos Oscar por su película Rocky uno por mejor screenplay y el otro por mejor actor. Convirtiéndose en el tercer hombre en la historia en recibir estas dos nominaciones por la misma película después de Charles Chaplin y Orson Welles.

Ese actor inspirador es Sylvester Stallone y lo que hizo que el consiguiera transformar las imágenes de

"Piense Y Hágase Rico Creando Un Negocio Digital Desde Cero"

éxito y deseo de su cerebro en realidad en 8 años estoy

seguro es la llave mágica para activar la "autosugestión acelerada" que necesitas para crear un negocio online rentable lo más rápido posible.

Esa llave es…

Entrar En El Estado Theta
(EL secreto para despertar la autosugestión acelerada)

Sucede que mientras es cierto que el deseo ardiente por un objetivo determinado y la decisión fuerte por alcanzarlo son sin duda elementos básicos para alcanzar cualquier meta, existe también un secreto poco conocido e ignorado por el 99% de la población mundial todavía hoy en 2020 y ese es el poder del estado de consciencia Theta.

"Piense Y Hágase Rico Creando Un Negocio Digital Desde Cero"

Me explico...

Las Ondas Theta
(El Secreto Poco Conocido Activador De La Autosugestión Acelerada)

Los tonos Theta son ondas cerebrales específicas que actúan como un portal para hablar directamente con tu mente subconsciente. Es como tener acceso al software que dirige el funcionamiento de tu computadora. ¡Es realmente así de poderoso!

La primera descripción clara de oscilaciones lentas regulares en el EEG del hipocampo provino de un documento escrito en alemán por Jung y Kronmüller (1938). Ellos no pudieron hacer un seguimiento de estas observaciones iniciales, y no fue hasta 1954 que se dispuso de más información.

"Piense Y Hágase Rico Creando Un Negocio Digital Desde Cero"

La escuela, dirigida por John O'Kefe, sugirió que theta es parte del mecanismo que usan los animales para realizar un seguimiento de su ubicación dentro del medio ambiente, más descubrimientos recientes vinculan el ritmo theta con mecanismos de aprendizaje y memoria. ¿Percibes el poder inmenso de este descubrimiento?

Es aquí exactamente que se encuentra una nueva oportunidad hasta ahora desconocida por el 99% de la población mundial.

O sea, utilizar esta frecuencia estimuladora del aprendizaje y la memoria para reprogramar nuestra mente de una forma fácil simple más sobre todo natural.

El Secreto Escondido De Stallone
(Entendiendo el funcionamiento de las ondas theta)

"Piense Y Hágase Rico Creando Un Negocio Digital Desde Cero"

Cuando Stallone se encontraba observando la pelea de Muhammad Ali aquella noche, algo inusitado sucedía con su mente sin que pudiera siquiera notarlo

Esa noche Stallone se hallaba sumergido en un estado emocional intenso provocado por el fracaso de no conseguir trabajo como actor. ¿Cierto?

Fue entonces que observar la pelea de Alí hizo con que el viajase en su mente hacia un estado de meditación profunda inconsciente llamado de Theta un estado mental comúnmente llamado de sueño lúcido.

El Lugar Donde La Creatividad Y La Iluminación Acontecen
(Steve Jobs Y las ondas Theta)

"Piense Y Hágase Rico Creando Un Negocio Digital Desde Cero"

Veras...es este estado mental donde la creatividad pura y la clareza de objetivo acontece. Un ejemplo claro de personalidades que usaron este estado mental para generar ideas geniales fue Steve Jobs por ejemplo.

Todo el mundo sabe que Steve Jobs fue un genio de la tecnología las ventas el diseño y el marketing más lo que la mayoría ignora es de donde él era capaz de sacar estas ideas innovadoras y revolucionarias...

Y aún más desconocido sobre Jobs es que en su juventud este abandonó la universidad para dirigirse a La India para aprender a meditar.

¿Ahora déjame hacerte otra pregunta...Usted sabe lo que la meditación realmente hace?

¡Pues si! El total objetivo de la meditación es llevarte a entrar en un estado Theta donde la iluminación y la creatividad del ser humano son creadas.

"Piense Y Hágase Rico Creando Un Negocio Digital Desde Cero"

Entiendes ahora cómo fue posible que Stallone convirtiera su sueño en realidad tan rápido.

Él inconscientemente aquel día de la pelea se hallaba en un estado theta extremadamente poderoso. Mientras observaba a Ali pelear su mente viajaba en un estado de meditación profunda que afortunadamente lo llevó a tomar la decisión más importante de su vida que lo convirtió en uno de los actores de Hollywood más aclamados poniéndolo al lado de Charles Chaplin y Orson Welles. ¿Impresionante no es cierto?

Realmente Necesito Entrar
¿En Estado Theta?

Como puedes ver, entrar en estado Theta es extremadamente necesario para conseguir potenciar la imaginación creativa de una manera activa y encontrar soluciones inmediatas a problemáticas difíciles que se encuentren en tu camino.

La reprogramación mental activa es necesaria para alejarte de los caminos tortuosos llenos de dificultades y conducirte hacia una nueva senda hacia el triunfo.

Fue exactamente eso lo que hizo que Stallone percibiera que era más rápido crear su propia película donde él pudiese mostrar su potencial como actor que intentar validarse ante supuestos "expertos" que no confiaban en su talento para nada.

El gran problema que azota a los nuevos emprendedores digitales que no consiguen avanzar ni mantenerse generando ingresos de manera constante, están siempre en el ciclo de la renta inconsistente o peor aún que tardan siglos para comenzar en el mundo digital es que ellos padecen de un síndrome mortal altamente peligroso que yo llamo de…

¡Mucho Fuego Poca Leña!
(El secreto para desbloquear la autosugestión acelerada)

¿Qué sucede con una chimenea cuando no tiene suficiente leña?

-Se Apaga! ¿No es cierto?

¡Pues lo mismo acontece con tu deseo, tu determinación y tu fuerza de voluntad!
Incluso cuando a lo largo de este libro compartimos muchos ejercicios prácticos para potenciar y avivar el fuego de tu deseo; este por sí solo no es lo suficiente poderoso para conseguir que la mayoría de las personas tengan verdaderamente resultados pues

Fuera Del Estado Theta El Deseo Se Convierte en Frustración.

Lo que sucede es lo siguiente: Existen personas que van a leer este libro van a tomar notas, definir sus objetivos, trazar cientos de metas van a hacer los ejercicios por un mes y van a pensar así:

-Demora demasiado tiempo no tengo paciencia

¡Y van a desistir!

Otros leerán el libro harán anotaciones definirán metas y objetivos dibujaran en su mente grandiosos sueños intentarán hacer los ejercicios por un día y pensaran así:

-Yo no nací para eso, tal vez no es para mí, no tengo paciencia

"Piense Y Hágase Rico Creando Un Negocio Digital Desde Cero"

¡Y van a desistir!

¡Y existen un tercer grupo! ¡Ese me preocupa muchas veces más son aquellos que van a leer el libro van a ver los ejercicios y ni siquiera van a intentar hacerlos un solo día!

¿Usted entiende que invertir dinero en un libro, gastar tiempo en leerlo y después no aplicar sus conocimientos no tiene ningún sentido?

Por fortuna existe una forma de...
Utilizar Ondas Theta
(¡Para Acceder A La Autosugestión Acelerada Y Además Eliminar El Riesgo De Desistir De Tus Sueños Por Frustración invirtiendo solamente 15 minutos por día!)

Imagina la escena...

"Piense Y Hágase Rico Creando Un Negocio Digital Desde Cero"

Es un nuevo día de trabajo te levantas vas al baño te aseas y en cuanto te preparas para comenzar tu jornada laboral te tomas 15 minutos.

Y en esos quince minutos solamente eres capaz de reconectar tu mente despertar la autosugestión acelerada y avivar el deseo ardiente equivalente a realizar todos los ejercicios descritos en este libro para acercarte hasta tus objetivos, tus metas y la vida de tus sueños, sin necesidad de agendas mapas mentales ni esfuerzo más allá de colocar en tus oídos un par de auriculares.

¿Suena genial y al mismo tiempo fantástico, no es verdad?

Yo mismo no creí que fuera posible reconectar la mente en quince minutos la primera vez que escuché hablar de las ondas theta.

"Piense Y Hágase Rico Creando Un Negocio Digital Desde Cero"

Lo mejor de todo es que usted no precisa literalmente hacer nada pues veras…estas ondas hacen todo el trabajo por usted.

Ellas reprograman tu mente para que puedas eliminar el ruido de sus pensamientos negativos y creencias limitantes y potenciar la capacidad creativa de tu cerebro para hacerlo ver en cada situación adversa oportunidad, en cada problema una solución y en cada obstáculo una ventaja.

Y es exactamente eso lo que conseguirás con las pistas de meditaciones guiadas Theta de Eddie Serguey "15 minutos de manifestación".

Las pistas de audio del programa "15 Minutos De Manifestación" te ayudarán a aplicar el poder de estas ondas "milagrosas" en tu rutina diaria para que seas capaz de reconectar tu mente y construir un negocio digital exitoso rentable que te libre de la renta inconsistente y te proporcione a ti y a tus seres queridos de un estilo de vida seguro y confortable de una manera rápida simple efectiva más sobre todo natural.

Cómo Funciona El Programa "15 Minutos De Manifestación"

El programa 15 minutos de manifestación está diseñado por 3 pistas de audio.

Primera pista: "Tu Estado Natural".

Durante la primera semana, la Manifestación de 15 minutos comenzará a abrir su mente al estado natural de la abundancia ilimitada esta está diseñada para disolver las creencias e historias limitantes que actualmente están EMPUJANDO lo que realmente deseas. "Tu estado natural" restablece tu cerebro a la condición en la que estaba cuando naciste: rico con infinitas posibilidades.

Segunda Pista: "Tu Nueva Historia".

"Piense Y Hágase Rico Creando Un Negocio Digital Desde Cero"

Imagina la realización que te golpea, desde adentro hacia afuera, que la escasez no es verdad ... Y la abundancia es todo lo que hay. Poderoso, ¿verdad? Eso es lo que sucede cuando tus viejas historias ya no tienen poder sobre ti. Seamos sinceros, su VIEJA historia ha estado saboteando los avances financieros que usted sabe que DEBE haber experimentado. Cuanto más observes, en tu realidad actual, lo que realmente deseas, más rápido ganarás una cantidad increíble de impulso para obtener muchísimo más.

Tercera Pista: "Avanzando Hacia La Abundancia".

Me encanta esta pista. ¡En esta pista comenzarás a "jugar" conscientemente con tu experiencia de la realidad!

Pero hay algo de lo que realmente debes estar consciente: ya ves, tu atención te mueve hacia algo

"Piense Y Hágase Rico Creando Un Negocio Digital Desde Cero"

o lo aleja de algo. Pero, de cualquier manera, siempre estás manifestando dónde está tu atención, ahora mismo. La Pista 3 "Avanzando Hacia La Abundancia" ayuda a revertir el ciclo de negatividad y escasez, y ayuda a enfocar su atención en contar su nueva historia de abundancia y prosperidad.

Para tener acceso al programa "15 minutos de manifestación" y comenzar a realmente trabajar en la construcción de tu negocio digital desde un nivel profundo de consciencia puedes hacer click aquí:

"Piense Y Hágase Rico Creando Un Negocio Digital Desde Cero"

http://bit.ly/dame15min

¡Por tu éxito!

¡Recuerda Nos convertimos en lo que Pensamos!

¡Suscríbete a nuestro blog para estar siempre al día!

Aquí: http://bit.ly/NosconvertimosBlog

"Piense Y Hágase Rico Creando Un Negocio Digital Desde Cero"

www.ingramcontent.com/pod-product-compliance
Lightning Source LLC
Chambersburg PA
CBHW052352220526
45465CB00003BA/1072